DEH-TA HSIUNG

VEGETARISCHE CHINESISCHE KÜCHE

DEH-TA HSIUNG

VEGETARISCHE CHINESISCHE KÜCHE

This book was designed and produced by
Quinted Publishing Limited
6 Blundell Street, London N7 9BH

Art Director: Peter Bridgewater
Editor: Nicholas Law
Photographer: Ian Howes

Original title: Chinese Vegetarian Cooking

Bonner Str. 126, D–50968 Köln
Übersetzung aus dem Englischen:
Franca Fritz und Heinrich Koop, Hürth
Lektorat: Anna Christiane Loll
Satz der deutschen Ausgabe:
Königsdorfer Redaktionsbüro, Frechen
Druck und Bindung: Sing Cheong Printing Co., Ltd.
Printed in Hong Kong
ISBN 3-89508-184-1

INHALT

EINLEITUNG

Süß-saurer »Fisch«: fritiertes Yam-Püree in Fischform, serviert auf einer süß-sauren Sauce. (Green Cottage II)

Die vegetarische Küche hat in China eine lange Tradition. Seit jeher waren sich die Chinesen der engen körperlichen und geistigen Beziehungen zwischen Nahrung und Gesundheit bewußt. Darum entscheiden sich viele Chinesen für eine vegetarische Ernährungsweise – und zwar weniger aus wirtschaftlichen als aus Gesundheitsgründen. Gläubige Buddhisten, die das Töten einer lebendigen Kreatur verabscheuen, würden ebenfalls nicht im Traum daran denken, jemals Fleisch oder Fisch zu essen.

Bis vor wenigen Jahren waren viele Menschen davon überzeugt, daß die Ursprünge der chinesischen vegetarischen Küche in den Tempeln des Buddhismus zu suchen seien, einer Religion, die während der Regierungszeit des Kaisers **Ming** (58–75 n. Chr.) von Indien aus nach China gelangte. Wissenschaftliche Untersuchungen können jedoch die vegetarische Ernährung bereits während der Chou-Dynastie (ab 1028 v. Chr.) nachweisen; daneben wird sie in weiteren antiken Texten erwähnt, die der Einführung des Buddhismus in China um mehrere Jahrhunderte vorausgehen. Beispielsweise vertrat der Autor des ältesten Buchs über Medizin, das vor mehr als 2000 Jahren unter dem Titel *Innere Kanäle* entstand, die Theorie der »fünf Geschmackssorten«, die der Körper benötige: fünf Getreidekörner für die Ernährung, fünf Früchte für den Unterhalt, fünf Tiere für den Genuß und fünf Gemüse für neue Lebenskraft!

Die Wissenschaftler sind sich darüber einig, daß der Vegetarismus in China der Einführung vieler exotischer Früchte und Gemüse zur Zeit der Han-Dynastie (206 v. Chr.–222 n. Chr.) wesentlich mehr zu verdanken hat als dem Buddhismus. Viele chinesische Vegetarier wurden von der einheimischen Philosophie des Taoismus beeinflußt, die die wissenschaftlichen Grundlagen der Hygiene und Ernährung entwickelte und eng an das Prinzip des **Yin** und **Yang** anlehnte. Die Verbreitung des Tofu – ebenfalls zur Zeit der Han-Dynastie – und vieler anderer Produkte aus Sojabohnen sowie die Entdeckung der Herstellung von Klebereiweiß (Gluten) aus Mehl machte die vegetarische Ernährung interessanter und abwechslungsreicher.

Dennoch gibt es enge Verbindungen zwischen Buddhisten und nicht-religiösen Vegetariern. Es ist interessant, daß Milch und Milchprodukte – trotz eines ständigen Angebots – in der chinesischen Küche bis heute nur eine untergeordnete Rolle spielen. Daher verwenden chinesische Vegetarier, im Gegensatz zu den westlichen Vertretern, keine Butter, Käse oder sonstige Milchprodukte in ihrer Küche, und ein gläubiger Buddhist lehnt sowohl Eier wie auch Fisch ab. Chinesische Vegetarier folgen einer ernährungswissenschaftlich ausgewogenen, rein pflanzlichen Ernährungsweise, zu der Obst, Nüsse, Pilze sowie Getreide und Hülsenfrüchte gehören. Sämtliche Bestandteile einer ausgewogenen Ernährung sind hierin enthalten: Vitamine, Proteine, Fette, Kohlenhydrate und Mineralstoffe. Natürlich variiert der Anteil dieser Stoffe je nach Gemüse, aber in keinem anderen Nahrungsmittel sind sie für den Körper einfacher umzusetzen.

Die chinesische Küche hat die Kunst des Gemüsekochens perfektioniert – die Gemüse werden fast immer schonend und einfach zubereitet. Natürlich müssen verschiedene Gemüsesorten auch unterschiedlich behandelt werden – einige benötigen eine etwas längere Garzeit, andere müssen mit mehr als einer Zutat gekocht werden, um die richtige »Mischung« der Geschmackskomponenten zu erzielen. All dies wird im folgenden Kapitel genauestens beschrieben, und die insgesamt 80 Rezepte wurden nicht nach den verwendeten Zutaten, sondern nach der Zubereitungsart zusammengefaßt. Da dieses Buch für europäische Hobbyköche geschrieben ist, habe ich auf komplizierte und zeitaufwendige Rezepte verzichtet, die nur ein erfahrener Küchenchef zubereiten kann.

ZUBEHÖR UND KÜCHENGERÄTE

Das chinesische Küchenmesser oder Hackbeil wirkt auf den ersten Blick schwer, gefährlich blitzend und bedenklich scharf, aber in Wahrheit ist es leicht, stabil und nicht allzu gefährlich, solange man korrekt und sorgfältig damit umgeht. Ich betrachte es als eines der wenigen unbedingt notwendigen Utensilien in der chinesischen Küche. In der Vergangenheit habe ich bemerkt, wie meine Schüler ihre Meinung zum Hackbeil völlig änderten, sobald sie einmal damit gearbeitet hatten. Wenn man erst gelernt hat, das Hackbeil als Schneidemesser und nicht als Hackmesser zu sehen, ist man überrascht, wie leicht und einfach es zu benutzen ist.

Das gleiche gilt auch für Eßstäbchen. Was zunächst schwierig aussieht, läßt sich durchaus in ein großes Vergnügen verwandeln. Der Fehler der meisten Menschen, die damit Proble-

me haben, liegt darin, daß sie zu schnell aufgeben. Mein Ratschlag lautet: Entspannen Sie sich – schließlich handelt es sich nicht um eine unlösbare Aufgabe. Wenn ein Viertel der Weltbevölkerung dazu in der Lage ist, warum nicht auch Sie? Als nächstes sollte man sich nicht zu sehr auf seine Finger konzentrieren und nicht auf die anderen Personen am Tisch achten – höchstwahrscheinlich sind diese viel zu sehr mit sich selbst beschäftigt, um Sie zu beobachten!

Die in China am weitesten verbreitete Kochmethode ist das schnelle Rührbraten. Dabei erzielt man die besten Ergebnisse, wenn man als Kochgerät einen Wok verwendet.

Der Wok sieht fast aus wie eine hohle Halbkugel; auch der Boden ist gerundet. Der größte Vorteil eines Woks liegt darin, daß aufgrund seiner Form die Hitze gleichmäßig verteilt wird; aus diesem Grund verkürzen sich die Garzeiten erheblich, und die Zutaten – egal, wie kräftig man rührt – rutschen immer wieder in die Mitte des Woks zurück. Der klassische Wok besteht aus Eisen, einem Material, das Hitze gut leitet und hält.

Ein Wok muß vor dem ersten Gebrauch eingeraucht werden. Dazu wäscht man ihn in heißem Wasser ab und stellt ihn zum Trocknen auf eine Flamme von mittlerer Hitze. Dann reibt man die Innenseite mit Küchenpapier und etwas Öl gründlich aus. Der Wok sollte nach jedem Gebrauch mit klarem Wasser gereinigt werden. Verwenden Sie dazu niemals Spülmittel. Entfernen Sie angesetzte Nahrungsmittelreste mit einer harten Bürste. Dann sollte der Wok über mittlerer Hitze völlig trocknen, bevor man ihn beiseite stellt, sonst rostet er.

Neben dem Rührbraten läßt sich der Wok auch zum Fritieren, Braten, Dämpfen, Schmoren, Kochen, Garen usw. verwenden. Zum Rührbraten eignet sich am besten ein Wok mit einem einzelnen Pfannenstiel; ein Wok mit zwei Handgriffen läßt sich für alle anderen Zwecke verwenden, da er sicher auf einem Rechaud steht. Der klassische Wok ist für moderne Elektroherde nicht geeignet. Wenn Sie also nicht mit Gas kochen, sollten Sie sich nach einem Wok mit abgeflachtem Boden umsehen. Andernfalls könnten Sie auch einen elektrischen Wok kaufen – keine ideale Lösung, aber ich habe schon sehr gute Ergebnisse damit erzielt.

Ein weiteres wichtiges Utensil für Ihre Küche ist ein chinesischer Dampfkorb aus Bambus. Der Vorteil gegenüber einem konventionellen Dampfkorb aus Metall besteht darin, daß der Bambuskorb nicht völlig luftdicht schließt und eine gewisse Verdunstung erlaubt, so daß sich kein Kondenswasser an der Innenseite des Deckels bilden kann.

GRUNDTECHNIKEN UND GARMETHODEN

Das auffallendste Merkmal der chinesischen Küche – ob vegetarisch oder nicht – ist das harmonische Gleichgewicht von Farbe, Aroma, Geschmack und Form, das sowohl bei einem einzelnen Gericht als auch bei ganzen Menüs angestrebt wird.

Farbe: Jede Zutat hat ihre eigene Färbung, und manche Zutaten ändern ihre Farbe beim Kochen. Dies sollten Sie bei der Auswahl Ihrer Zutaten für ein bestimmes Gericht beachten.

Aroma: Neben der Farbe besitzt jede Zutat auch ein charakteristisches Aroma oder einen Duft – einige scharf stechend, andere zart. Die chinesische Küche verwendet häufig Gewürze wie Frühlingszwiebeln, Ingwer und Knoblauch, um damit die Aromen der verschiedenen Zutaten besonders hervorzuheben. Ebenfalls sehr beliebt ist Reiswein; aber wenn Sie keinen chinesischen Reiswein bekommen können, stellt ein trokkener Sherry einen nahezu gleichwertigen Ersatz dar.

Geschmack: Würze und Geschmack sind eng mit Aroma und Farbe verbunden. Eines der Grundprinzipien der chinesischen Küche lautet, daß nur einander ergänzende Geschmackskomponenten vermischt werden dürfen. Die Kombination der Zutaten sollte daher unbedingt einem festen, und keinem zufälligen Muster folgen.

Form: Die richtige Vorbereitung der Zutaten ist ein wichtiger Aspekt der chinesischen Küche: Scheiben werden mit Scheiben kombiniert, Streifen mit Streifen, Würfel mit Würfeln usw. Dies geschieht nicht nur aus ästhetischen Gründen – die natürlich ebenfalls von Bedeutung sind –, sondern auch deshalb, weil Zutaten der gleichen Größe und Form ungefähr die gleiche Garzeit benötigen.

Zu diesen komplexen Beziehungen zwischen Farbe, Aroma, Geschmack und Form tritt noch ein Aspekt: die **Struktur**. Ein Gericht kann über eine oder mehrere Strukturen verfügen, wie etwa Zartheit, Festigkeit, Knusprigkeit, Weichheit oder Glätte. Strukturen, die man vermeiden sollte, sind Matschigkeit, Zähigkeit und Härte. Die Auswahl von Strukturen für ein Gericht ist eine weitere wichtige Entscheidung, die man zusammen mit der Auswahl von Farben und Aromen treffen muß.

Bevor die verschiedenen Zubereitungsmethoden erläutert werden, möchte ich Ihnen zunächst die Bedeutung der richti-

gen Vorbereitung und der Schneidetechniken erklären. Manche Köche vermischen gern gegensätzliche Aromen und nicht miteinander verwandte Strukturen; andere ziehen dagegen die Kombination ähnlicher Geschmackskomponenten und Farben vor. Wieder andere streben danach, den Geschmack jeder einzelnen Zutat zu erhalten, während eine vierte Gruppe den Geschmack beim Kochen einfach verdunsten läßt. Die Verschmelzung verschiedener Geschmackskomponenten in einem Gericht ist eine Kunstform, die auf dem zentralen Prinzip der Harmonie basiert.

In Scheiben schneiden: Dies ist die wahrscheinlich bekannteste Schneidetechnik in der chinesischen Küche. Die Zutaten sollten nicht größer sein als eine große Briefmarke.

In dünne Stifte schneiden: Die Zutaten werden zunächst in dünne Scheiben geschnitten, dann wie Spielkarten aufeinander gestapelt und in etwa streichholzdicke Stifte geschnitten.

Würfeln: Die Zutaten werden zunächst in grobe, ungefähr pommes-frites-große Streifen geschnitten. Danach zerschneidet man die Streifen in zuckerwürfelgroße Stücke.

Diagonal schneiden: Diese Methode wird bei Möhren, Sellerie, Zucchini und Spargel benutzt. Das Gemüse sollte nach jedem Schnitt halb umgedreht werden, bevor man es erneut diagonal von oben nach unten abschneidet.

Zerkleinern (raspeln) oder fein hacken: Die Zutaten werden sorgfältig in kleine Stücke zerhackt.

Ich habe weiter oben bereits auf die Bedeutung der Struktur in der chinesischen Küche hingewiesen. Die gewünschte Struktur (oder Strukturen) eines Gerichts kann nur durch die passende Kochmethode erzielt werden. Mit Ausnahme des Rührbratens – einer speziellen Zubereitungsart der chinesischen Küche – sind alle in China benutzten Kochmethoden denen der westlichen Küche sehr ähnlich: Kochen, Schmoren, Fritieren, Braten, Dämpfen usw. Dabei sollte das verwendete Gemüse immer jung und frisch sein – im Idealfall frisch geerntet, aber vor allem nicht zu lange gekocht bzw. gedünstet oder übermäßig gewürzt. Gemüse wird in China nur selten roh gegessen, und dies zum Teil aus hygienischen Gründen – überall im Land setzt man tierische und menschliche Exkremente als Düngemittel ein. Deshalb werden die meisten der sogenannten chinesischen Salate vorgekocht und später kalt serviert.

Kochen: Im allgemeinen schnelles Kochen bei starker Hitze. Kleingeschnittene Zutaten werden in kochenden Fond oder Wasser geworfen und eine Minute oder weniger gekocht. Die meisten Suppen entstehen auf diese Weise.

Rührbraten: In dünne Scheiben, Streifen oder Stifte geschnittene Zutaten werden in ein wenig Öl für kurze Zeit unter Rühren gebraten. Das richtige »Timing« ist hierbei von größter Bedeutung; zu langes Garen würde die Zutaten in eine breiige Masse verwandeln. Bei einem gut zubereiteten Gericht dieser

Art sollten die Zutaten knackig und unversehrt aussehen. Man benötigt dazu nur sehr wenig oder gar kein Wasser, da die starke Hitze den Gemüsen ihre natürlichen Säfte entzieht.

Schmoren: Im allgemeinen wird eine Reihe von Zutaten – einige gekocht, einige halb gekocht – miteinander vermischt und in Flüssigkeit oder Sauce gegart.

Dämpfen: Es gibt zwei Dämpfmethoden. Bei der ersten legt man einen Teller oder eine Schale mit den Zutaten in einen Bambuskorb, der dann in einen Wok mit kochendem Wasser gestellt wird; dabei werden die Zutaten durch den im Bambuskorb aufsteigenden Dampf gegart. Für die zweite Methode stellt man den Teller oder die Schale auf ein Draht- oder Bambusgitter, das ein Stück über dem Wokboden mit kochendem Wasser sitzt. Dann deckt man den Wok ab, so daß die Zutaten durch den aufsteigenden Dampf im Wok gegart werden.

Fritieren und Braten: Beide Garmethoden ähneln den in der westlichen Welt bekannten Methoden.

REGIONALE KÜCHEN

China ist ein riesiges Land mit großen regionalen Unterschieden; dies gilt sowohl für das Klima wie auch für die landwirtschaftlichen Erzeugnisse. Diese Unterschiede spiegeln sich natürlich auch in den verschiedenen regionalen Küchen wider. Dennoch bleibt der grundlegende Charakter der chinesischen Küche im ganzen Land unverändert: Im Norden (Peking-Küche) wie im Süden (Kantonesische Küche) bereitet man die Nahrung nach denselben Prinzipien zu – die meisten Zutaten werden vor dem Kochen kleingeschnitten, und man legt großen Wert auf die richtige Hitze und eine harmonische Mischung verschiedener Aromen. Der größte Unterschied besteht darin, daß die Menschen im Norden Weizenmehl als Grundnahrungsmittel verwenden, während man im Süden fast immer mit Reis kocht. Einige der Kochmethoden zeigen geringe regionale Unterschiede, und auch die Gewürzmischungen können verschieden ausfallen – aber es handelt sich immer und unzweifelhaft um »chinesische« Küche.

Traditionell werden die verschiedenen Kochstile entsprechend ihrer geographischen Herkunft in vier große Gruppen eingeteilt:

Die nördliche Gruppe: Peking und Shantung; manchmal rechnet man auch Hunan und Shansi dazu.

Die östliche Gruppe: Shanghai, Kiangsu, Chekiang und Anhwei (manchmal zählt man Hupeh in diese Gruppe).

Die westliche Gruppe: Szetschuan (Szechwan) und Hunan; teilweise auch Kweichow und Yünnan.

Die südliche Gruppe: Kwangtung (Kanton) und Fukien; manchmal bezieht man auch Kwangsi mit ein. Da Kanton der erste offene chinesische Handelshafen war, sind die fremdländischen Einflüsse in dieser Küche besonders stark vertreten. Neben der benachbarten Provinz Fukien gilt Kanton als das Herkunftsland vieler chinesischer Emigranten, und nicht zuletzt deshalb ist die kantonesische Küche die im Ausland bekannteste aller chinesischen Regionalküchen.

Mönchsproviant: Fritierte Brötchen mit Gemüsefüllung, serviert mit einer süß-sauren Sauce zum Dippen. (Green Cottage II)

Ich habe bewußt den Begriff »Gruppe« statt »Schule« verwendet, um die Unterschiede der verschiedenen regionalen Kochstile anzudeuten, denn keiner dieser Stile kann für sich in Anspruch nehmen, eine typische »Schule« im eigentlichen Sinne des Wortes begründet zu haben. Diesen Titel kann man nur der chinesischen buddhistischen Küche zuerkennen.

Chai, das chinesische Wort für Vegetarismus, bedeutete ursprünglich Abstinenz. Im Laufe der Jahrhunderte entwickelte sich die Chai-Kost zu einer eigenständigen Richtung innerhalb der chinesischen Küche. Die Phantasie und Kreativität kunstfertiger Köche in den buddhistischen und taoistischen Tem-

Cottage Special: Eine Mischung aus verschiedenen Pilzen, Maiskölbchen, fritiertem Klebereiweiß, Möhren und Kaiserschoten. (Green Cottage II)

peln erhob die vegetarische Küche auf ein Niveau, das dem der konventionellen chinesischen Küche in nichts nachsteht. Neben frischen Gemüsen werden vor allem diverse eßbare Pilze, Tofu und verschiedene andere Sojabohnenprodukte sowie Klebereiweiß verwendet und als Fleisch-, Huhn- oder Fischimitation eingesetzt. Erstaunlicherweise zeigt dieses Imitationsfleisch in Form, Struktur und Geschmack eine verblüffende Ähnlichkeit mit den Originalen. Die Illustrationen auf dieser Seite wurden speziell für dieses Buch von den Küchenchefs des neu eröffneten Restaurants **The Green Cottage II** in London erstellt, Europas erstem chinesischen vegetarischen Restaurant. Sowohl Chef Lok als auch Chef Wong arbeiteten vorher bei **Heung Chik Chiu**, dem ältesten und bekanntesten vegetarischen Restaurant Hongkongs.

Die hier gezeigten, kunstvoll zubereiteten Fleischimitationen gehen über die Kochkünste normaler chinesischer Hausfrauen und Hobbyköche weit hinaus. Allerdings steht das ge-

samte Konzept im Gegensatz zu den Prinzipien des Vegetarismus, der eine einfache und wirtschaftliche Art der natürlichen, vollwertigen Ernährung für jedermann sein wollte.

Einer der bekanntesten Dichter der südlichen Sung-Periode, Lu You (1125–1210 n. Chr.) war ein erklärter Vegetarier. Er sah die »fleischfressende« Lebensweise als die Quelle vieler Krankheiten an und betrachtete den Vegetarismus als einzige gesunde Ernährungsweise. Die Tatsache, daß er das gesegnete Alter von 86 Jahren erreichte (zu einer Zeit, in der die durchschnittliche Lebenserwartung in China unter 50 Jahren lag), könnte als Beweis seiner Thesen gelten. Tatsächlich haben moderne medizinische Forschungen den schlüssigen Nachweis erbracht, daß die chinesische vegetarische Kost einige der wichtigsten natürlichen Substanzen gegen Krebs enthält.

BESONDERE ZUTATEN UND GEWÜRZE

Ein chinesischer Koch ist jederzeit in der Lage, ein typisch chinesisches Gericht zuzubereiten – auch ohne besondere Zutaten. Dennoch gibt es einige, auch außerhalb Chinas erhältliche Gemüse und Würzmittel, die einer alltäglichen Mahlzeit das besondere exotische Aroma verleihen.

Bambussprossen: Nur im Glas oder aus der Dose erhältlich. Sie können in einem geschlossenen, mit Wasser gefüllten Behälter bis zu einer Woche gekühlt aufbewahrt werden. Am zartesten und leckersten sind besonders dicke Bambussprossen.

Tofu (Sojabohnenquark): Dieses cremige bis schnittfeste Nahrungsmittel aus Sojabohnen zeichnet sich durch einen außergewöhnlich hohen Anteil an Eiweiß aus. Tofu ist in Reformhäusern, Bioläden und asiatischen Lebensmittelgeschäf-

Getrocknete Nudeln

Frische Nudeln

ten in etwa 10 × 6 × 3,5 cm großen Packungen (250 g) erhältlich und gekühlt in einem geschlossenen Behälter einige Tage haltbar.

Sojabohnensprossen: Frische Sojabohnensprossen sind mittlerweile fast überall erhältlich (meist im Kühlregal des Supermarkts). Im Kühlschrank halten sie sich zwei bis drei Tage. Verzichten Sie auf Sojabohnensprossen aus der Dose oder dem Glas, da ihnen die typische knackige Konsistenz fehlt.

Glasnudeln: Diese Nudeln aus Mungbohnenmehl sollten nicht gekocht, sondern nur in Wasser eingeweicht werden.

Seetang: Wir verwendeten hier eine sehr feine, dunkle Sorte, die aussieht wie menschliches Haar. Seetang ist Bestandteil buddhistischer und chinesischer Neujahrsgerichte.

Chilibohnenpaste: Eine Paste aus fermentierten Bohnen, Salz, Mehl und Chilischoten. Sie kann durch eine Mischung aus Chilisauce und Gelbe-Bohnen-Sauce ersetzt werden.

Chilisauce: Eine scharfe Sauce aus Chilischoten, Essig, Zucker und Salz. Beim Kochen nur sparsam verwenden oder zum Dippen reichen. Chilisauce läßt sich durch Tabasco ersetzen.

Getrocknete Tongu-Pilze: Die in Asien auch **Shiitake** genannten Pilze sind aufgrund ihres Geschmacks und Aromas sehr beliebt. Die getrockneten Pilze müssen etwa 30 Min. in warmem Wasser einweichen (oder mehrere Stunden in kaltem Wasser) und anschließend ausgedrückt werden. Ihre harten Stiele werden entfernt. Sie können aber auch einheimische, getrocknete Pilze verwenden.

Fünf-Gewürze-Pulver: Eine Mischung aus Sternanis, Fenchelsamen, Gewürznelken, Zimt und Szetschuan-Pfeffer, die aufgrund ihrer Schärfe nur sparsam verwendet wird. Das Gewürz hält sich in einem verschlossenen Behälter mehrere Monate.

BESONDERE ZUTATEN UND GEWÜRZE

Getrocknete Tofublätter

Frischer und fritierter Tofu

Ingwer: Diese Wurzel muß geschält und in dünne Scheiben geschnitten werden. Ingwer hält sich an einem trockenen, kühlen Ort mehrere Wochen. Ingwerpulver ist kein Ersatz.

Klebereiweiß: Ein Teig aus Weizenmehl und Wasser wird in einer Schüssel mit Wasser eingeweicht und kräftig durchgeknetet, um möglichst viel Stärke auszuschwemmen. Das zurückbleibende Klebereiweiß (Gluten) ist porös und wird – in kleine Stücke geschnitten – wie Klöße eingesetzt.

Rote-Bohnen-Paste: Diese rötlich-braune Paste wird aus roten Bohnen und Zucker hergestellt und in Dosen verkauft. Nach dem Öffnen sollte die Paste in einen luftdicht verschließbaren Behälter umgefüllt und im Kühlschrank aufbewahrt werden, wo sie sich mehrere Monate hält. Als Ersatz dient auch süßes Maronenpüree.

Reiswein: Dieser im asiatischen Sprachraum auch **Sake** genannte Wein aus hefevergorenem Reis kann durch einen Pale Dry- oder Medium-Sherry ersetzt werden.

Gesalzene Schwarze Bohnen: Die in Gläsern oder anderen Gefäßen erhältlichen Bohnen sind in der Tat sehr salzig! Vor dem Gebrauch sollten sie zerdrückt und mit Wasser oder Reiswein vermischt werden. Korrekt gelagert sind sie praktisch unbegrenzt haltbar.

Sesamöl: In China dient dieses in Flaschen erhältliche Öl von intensivem, nußartigen Geschmack eher zum Garnieren und zur Aromatisierung als zum Kochen. Am besten verwenden Sie nur kaltgepreßtes Sesamöl.

Szetschuan-Pfeffer: Die rötlich-braunen Kapseln sind erheblich würzkräftiger und aromatischer als weißer oder schwarzer Pfeffer. Im Handel erhältlicher, abgepackter Szetschuan-Pfeffer ist in einem luftdicht verschließbaren Behälter sehr lange haltbar.

BESONDERE ZUTATEN UND GEWÜRZE

BESONDERE ZUTATEN UND GEWÜRZE

Szetschuan-Pfeffer

Sternanis

Getrocknete Mandarinenschale

Zimt

Fünf-Gewürze-Pulver

Gewürzmischung

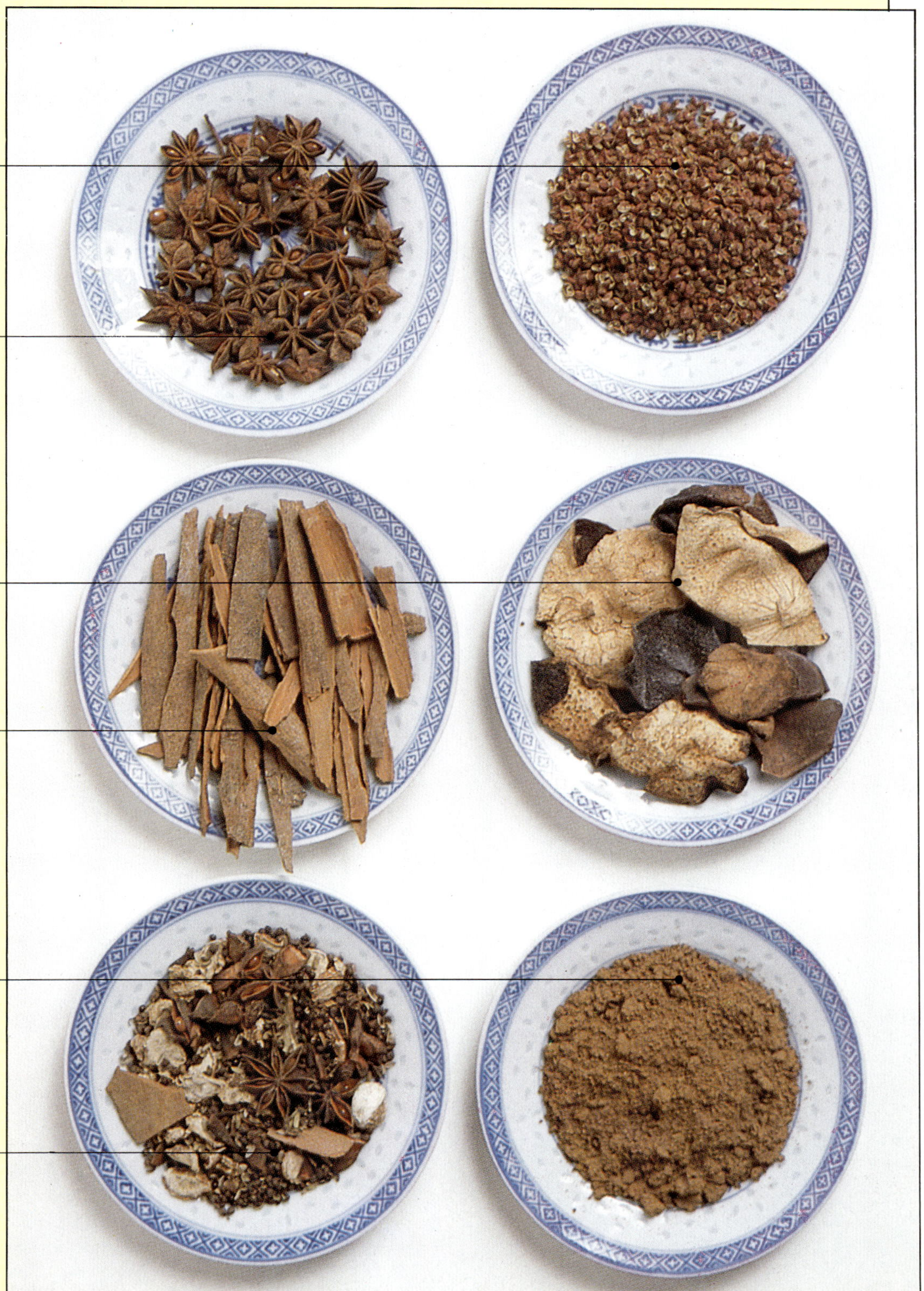

Eingelegtes Szetschuan-Gemüse: Eine Spezialität der Provinz Szetschuan aus grünen chinesischen Radieschen, die in Salz und mit Chilischoten eingelegt sind. Nach dem Öffnen des Gefäßes sollte das Gemüse in einen verschließbaren Behälter umgefüllt werden, dann hält es sich gekühlt mehrere Monate.

Sojasauce: Diese in Flaschen oder Dosen erhältliche, beliebteste Sauce der chinesischen Küche dient sowohl zum Kochen als auch zum Würzen der Speisen bei Tisch. **Helle Sojasauce** besitzt ein milderes Aroma und verfärbt die Lebensmittel weniger als **dunkle Sojasauce**.

Hoisinsauce: Diese im Kühlschrank mehrere Monate haltbare Sauce wird aus Sojasauce, Zucker, Mehl, Essig, Salz, Knoblauch, Chilischoten und Sesamöl hergestellt.

Lilienknospen: Die in China auch »Gelbe Blüte« oder »Goldnadel« genannten getrockneten Knospen sind von goldgelber Farbe und müssen in Wasser eingeweicht und gründlich abgespült werden. Getrocknet sind sie unbegrenzt haltbar.

Wasserkastanien: Diese Früchte einer tropischen Ufer- und Sumpfpflanze sind nur in Dosen erhältlich. Luftdicht verschlossen und gekühlt etwa drei Wochen haltbar.

Ginkgopflaumen: Bei diesen auch als »Weiße Nüsse« bezeichneten Früchten handelt es sich um die pflaumenähnlichen Früchte des Ginkgobaumes, die in Europa in Dosen erhältlich sind und bei chinesischen Vegetariern sehr beliebt sind.

Mu-Err-Pilze: Auch als »Wolkenohrpilze« oder »Chinesische Morcheln« bezeichnete getrocknete schwarze Pilze, die in Wasser eingeweicht und abgespült werden müssen. Sie besitzen einen milden, aber feinen Geschmack mit knackigem Biß.

Gelbe-Bohnen-Sauce: Diese dickflüssige Sauce aus gelben Sojabohnen, Mehl und Salz ist in Dosen erhältlich. Nach dem Öffnen sollte sie in ein Schraubglas umgefüllt werden; auf diese Weise hält sie sich im Kühlschrank mehrere Monate.

ZUSAMMENSTELLUNG EINES MENÜS

Wie bereits zuvor erklärt, sind Farbe, Aroma, Geschmack und Form die vier wichtigsten Elemente der chinesischen Küche. So sollten nicht nur die Zutaten eines einzelnen Gerichts, sondern auch die Menüabfolge sorgfältig und harmonisch zusammengestellt werden. Daher beginnen Sie Ihr Menü am besten mit leichten, zarten Speisen und reichen nach und nach gehaltvollere und kräftiger gewürzte Gerichte.

Darüber hinaus sollten Sie wissen, daß in der chinesischen Küche ein einzelnes Gericht nie nur einer einzigen Person serviert wird, sondern alle Speisen auf dem Tisch für alle gedacht sind. Die einzige Ausnahme bilden leichte Zwischenmahlzeiten, wenn Gerichte wie »Chow Mein« oder »Nudelsuppe« gereicht werden – dann erhält jeder Gast eine eigene Portion.

Bei der Planung eines chinesischen Menüs halten Sie sich am besten an die Regel »Ein Gericht pro Person«. Wenn Sie beispielsweise ein Essen für sechs bis acht Personen geben, sollten Sie mit zwei kalten Vorspeisen (oder einer gemischten *Hors d'oeuvre*-Platte) beginnen und danach zwei schnelle Pfannengerichte servieren. Zum Schluß reichen Sie ein oder zwei länger kochende Schmorgerichte mit Reis und eventuell eine Suppe. Auf diese Weise müssen Sie nicht zuviel Zeit in der Küche verbringen.

Die meisten Chinesen – von wenigen Ausnahmen abgesehen – trinken weder Wasser noch Tee zu ihren Mahlzeiten, sondern reichen eine Suppe. Aber auch Wein, Bier oder andere Getränke passen gut zu chinesischen Gerichten.

Die Wahl des »richtigen« Weines bereitet ebenfalls keine großen Schwierigkeiten: Reichen Sie einfach einen guten Rot- oder Weißwein – ganz nach Geschmack.

Den Tee servieren Sie erst nach Beendigung der Mahlzeit; dann wirkt er besonders erfrischend und belebend.

Seit über 3000 Jahren wird in China Tee angebaut. Das Angebot läßt sich in fünf große Gruppen unterteilen: **Schwarzer Tee**, **Grüner Tee**, **Aromatisierter Tee**, **Oolong-Tee** und **Ziegeltee**.

Schwarzer Tee wird mit Hilfe des gewöhnlichen Fermentationsprozesses hergestellt; er hat einen kräftigen Geschmack und ein honigartiges Aroma. Die Chinesen bezeichnen ihn aufgrund der Farbe des aufgebrühten Getränks als »roten« Tee. Zu den berühmtesten Sorten zählt Keemun Black.

Grüner Tee wird (ebenso wie schwarzer Tee) gerollt und getrocknet, aber nicht fermentiert. Darum ist er heller und von etwas feinerem– egal, wie kräftig man rührt – Geschmack. Zu den bekanntesten Sorten gehört *Longjing* aus Hangtschou.

Der halbfermentierte Oolong-Tee ist ein spezielles Produkt der Provinz Fukien. Die berühmteste Sorte trägt den Namen *Tie Guanyin*. Oolong-Tees sind vor allem in Südchina und bei ausgewanderten Chinesen Südostasiens beliebt.

Aromatisierter Tee wird hergestellt, indem man getrocknete Blütenblätter wie z.B. Jasmin-, Magnolien- oder Rosenblätter unter qualitativ hochwertigen grünen Tee mischt. Diese Teesorten sind im Ausland populärer als in China.

Ziegeltee besteht im Grunde aus schwarzem Tee, der in eine

rechteckige »Ziegelform« gepreßt wird.
Wahre Tee-Liebhaber achten sehr genau auf das Herstellungsdatum, die Verarbeitung und die Lagerung ihrer Lieblingssorte. Darüber hinaus prüfen sie die Qualität und Temperatur des Wassers, den Kessel, die Kanne und die Tassen, die für die Zubereitung und zum Servieren benötigt werden. Ein guter Tee wird nach Farbe, Aroma und Geschmack bewertet und sollte in kleinen Schlückchen getrunken und nicht auf einmal heruntergestürzt werden.

KALTE GERICHTE

Die chinesische Küche verfügt über eine enorme Vielfalt an kalten Gerichten, die in kleinen Portionen als Vorspeise oder als Beilage für ein Buffet bzw. Menü gereicht werden.
Der große Vorteil dieser Gerichte besteht darin, daß man sie lange im voraus zubereiten kann und daß sich so gut wie keine Abfälle ergeben, da jegliche Reste mit anderen Gerichten kombiniert oder später als Hors d'oeuvre *serviert werden können.*
Darüber hinaus lassen sich fast alle der nachfolgenden Gerichte hervorragend mit Speisen der europäischen Küche zusammen genießen – schließlich zählen Flexibilität und Vielseitigkeit zu den wichtigsten Eigenschaften der chinesischen Küche.

Tee-Eier (Rezept Seite 33)

SÜSS-SAURER GURKENSALAT

1 Salatgurke
2 TL frischer Ingwer, feingehackt
1 TL Sesamöl
2 EL Zucker
2 EL Reisessig

Zubereitung

1 Verwenden Sie am besten eine dunkelgrüne, schlanke Salatgurke, da die hellgrünen zuviel Wasser enthalten und zu wenig Geschmack aufweisen. Salatgurke der Länge nach halbieren, jede Hälfte in Scheiben schneiden und in einer Mischung aus Ingwer und Sesamöl 10–15 Min. marinieren.

2 Zucker und Essig in einer Schüssel verrühren, bis sich der Zucker auflöst.

Serviervorschlag

Die Gurkenscheiben auf eine Servierplatte legen, kurz vor dem Servieren mit dem Zucker-Essig-Dressing gleichmäßig übergießen und gut vermengen.

SCHARFE SZETSCHUAN-GURKEN

1 Salatgurke
1 TL Salz
2 EL Zucker
2 EL Essig
1 EL Chiliöl

Zubereitung

1 Die Gurke der Länge nach halbieren und jede Hälfte in kurze, pommes-frites-große Stifte schneiden. Mit Salz bestreuen und etwa 10 Min. ruhen lassen, damit die Bitterstoffe austreten können.

2 Gurkenstifte aus der Salzlösung nehmen und auf einer stabilen Arbeitsfläche mit der Klinge eines Hackbeils oder Messers vorsichtig weich drücken.

Serviervorschlag

Die Gurkenstifte auf eine Servierplatte geben, gleichmäßig mit Zucker bestreuen und kurz vor dem Servieren mit Essig und Chiliöl beträufeln.

SELLERIESALAT

1 Staudensellerie
1 TL Salz
1,5 l Wasser
2 EL helle Sojasauce
1 EL Essig
1 EL Sesamöl
2 Scheiben frischer Ingwer, feingeraspelt

Zubereitung

1 Blätter und harte Teile der Sellerie entfernen, die Stangen diagonal in Stücke schneiden und in gesalzenem, kochendem Wasser blanchieren. Selleriescheiben abschütten, unter kaltem Wasser abkühlen lassen. Erneut abtropfen lassen.

2 Sojasauce, Essig und Sesamöl vermischen, über die Sellerie geben und gut vermengen.

Serviervorschlag

Den Salat mit feinen Ingwerstiften garnieren und sofort servieren.

CHINAKOHLSALAT

1 kleiner Chinakohl
2 EL helle Sojasauce
1 TL Salz
1 TL Zucker
1 EL Sesamöl

Zubereitung

1 Den Kohl gründlich waschen, in dicke Scheiben schneiden und in eine Schüssel geben.

2 Sojasauce, Salz, Zucker und Sesamöl über den Kohl gießen, gut durchrühren und sofort servieren.

Tip: Der Salat kann auch durch grüne und/oder rote Paprikaschoten abgerundet werden.

SOJABOHNENSPROSSENSALAT

450 g frische Sojabohnensprossen
1 TL Salz
2,5 l Wasser
2 EL helle Sojasauce
1 EL Essig
2 Frühlingszwiebeln, in feinen Stiften

Zubereitung

1 Sojabohnensprossen in kaltem Wasser waschen, alle an der Wasseroberfläche treibenden Fremdkörper entfernen und die Sprossen abtropfen lassen.

2 Sojabohnensprossen in einem Topf mit gesalzenem, kochendem Wasser blanchieren, anschließend in einem Sieb unter fließendem kalten Wasser abkühlen und abtropfen lassen.

3 Die Sprossen in eine Schüssel geben, Sojasauce, Essig und Sesamöl hinzufügen, gut durchrühren und kurz vor dem Servieren mit Frühlingszwiebelstiften garnieren.

BOHNENSALAT MIT PAPRIKA

250 g grüne Bohnen
1 mittelgroße oder 2 kleine rote Paprikaschoten, entkernt
2 Scheiben frischer Ingwer, in dünne Stifte geschnitten
1½ TL Salz
1 TL Zucker
1 EL Sesamöl

Zubereitung

1 Die Bohnen waschen, die Enden entfernen und in 5 cm lange Stücke schneiden. Paprika in dünne Stifte schneiden und zusammen mit den Bohnen in kochendem Wasser blanchieren; anschließend abtropfen lassen.

2 Bohnen, Paprika und Ingwer in eine Schüssel geben, Salz, Zucker und Sesamöl hinzufügen und sofort servieren.

TOMATENSALAT MIT FRÜHLINGSZWIEBELN

300 g feste Tomaten
1 TL Salz
1 TL Zucker
3–4 Frühlingszwiebeln, feingehackt
3 EL Pflanzenöl

Zubereitung

1 Tomaten waschen, trocknen und in dicke Scheiben schneiden. Mit Salz und Zucker bestreut 10–15 Min. marinieren.

2 Frühlingszwiebeln in eine ofenfeste Schüssel geben. Das Öl in einer Pfanne stark erhitzen und über die Frühlingszwiebeln gießen. Tomaten unterheben und sofort servieren.

Tip: Auch andere Gemüsesorten wie Salatgurken, Staudensellerie und grüne Paprikaschoten können auf diese Weise zubereitet werden.

SCHARFES KOHLGEMÜSE

500 g Weißkohl
2 TL Salz
3–4 getrocknete Chilischoten, eingeweicht und feingehackt
3 Frühlingszwiebeln, feingehackt
2 TL frischer Ingwer, feingehackt
2 EL Sesamöl
2 EL Zucker
50 ml Wasser
2 EL Essig

Zubereitung

1 Die äußeren harten Kohlblätter entfernen, das Herz in dünne Scheiben schneiden, mit Salz bestreuen und 3–4 Stunden ruhen lassen. Das ausgetretene Wasser abgießen, den Kohl sorgfältig trockentupfen und in eine Schüssel geben.

2 Sesamöl in einer Pfanne stark erhitzen, Chilischoten, Frühlingszwiebeln und Ingwer hinzufügen, ein paar Sekunden gut durchrühren, dann Zucker und Wasser dazugeben und so lange rühren, bis sich der Zucker auflöst. Den Essig hinzufügen und das Ganze zum Kochen bringen. Die Pfanne vom Herd nehmen und die Sauce abkühlen lassen; anschließend über den Kohl gießen. Die Schüssel mit einem Teller abdecken und vor dem Servieren 3–4 Stunden ziehen lassen.

EINGELEGTE RADIESCHEN

24 Radieschen, geputzt
2 TL Zucker
1 TL Salz

Zubereitung

1 Verwenden Sie am besten relativ große und gleichmäßige Radieschen. Die Radieschen in kaltem Wasser waschen, sorgfältig trockentupfen und mit einem scharfen Messer scheibenartig tief einschneiden (aber nicht durchschneiden).

2 Radieschen in ein großes Einmachglas geben, Salz und Zucker hinzufügen, das Glas abdecken und gründlich schütteln, damit die Radieschen gleichmäßig von der Zucker-Salz-Mischung überzogen werden. Radieschen mehrere Stunden oder über Nacht marinieren.

3 Kurz vor dem Servieren die Flüssigkeit abgießen, die Radieschen wie einen Fächer ausbreiten und auf einer Servierplatte eventuell als Beilage zu anderen kalten Gerichten servieren.

Eingelegte Radieschen

TEE-EIER

12 Eier
2 TL Salz
3 EL helle Sojasauce
2 EL dunkle Sojasauce
1 TL Fünf-Gewürze-Pulver
1 EL schwarze Teeblätter

Zubereitung

1 Die Eier 5–10 Min. kochen, aus dem Wasser nehmen und die Eierschalen mit einem Löffel vorsichtig anschlagen, so daß jedes Ei fein krakeliert ist.

2 Eier wieder in den Topf geben, mit frischem Wasser bedekken und Salz, Sojasaucen, Fünf-Gewürze-Pulver und Teeblätter hinzufügen. Das Ganze zum Kochen bringen, die Eier bei schwacher Hitze 30–40 Min. köcheln und anschließend im Kochsud abkühlen lassen.

Serviervorschlag

Vor dem Servieren die Schalen entfernen – die Eier sind nun wunderschön marmoriert. Sie können die Eier ganz, halbiert oder geviertelt als eigenständiges Gericht oder aber als Teil einer *Hors d'oeuvre*-Platte reichen.

FÜNF-GEWÜRZE-TOFU

4 Packungen Tofu
3 EL helle Sojasauce
2 EL dunkle Sojasauce
1 TL Salz
1 EL weißer oder brauner Zucker
3 EL Reiswein oder trockener Sherry
2–3 Frühlingszwiebeln
2–3 Scheiben Ingwer
2 TL Fünf-Gewürze-Pulver

Zubereitung

1 Den Tofu in einem Topf mit kaltem Wasser bedecken, aufkochen und zugedeckt bei starker Hitze 10 Min. weiterkochen. Anschließend hat der Tofu eine Wabenstruktur.

2 Temperatur reduzieren und Sojasaucen, Salz, Zucker, Reiswein, Frühlingszwiebeln, Ingwer und Fünf-Gewürze-Pulver hinzufügen. Das Ganze zugedeckt langsam aufkochen und etwa 30 Min. köcheln lassen. Den Topf vom Herd nehmen und den Tofu abkühlen lassen.

Serviervorschlag

Den Tofu aus dem Topf nehmen, in dünne Scheiben oder Streifen schneiden und als eigenständiges Gericht oder Teil einer *Hors d'oeuvre*-Platte reichen.

MIXED PICKLES

Wählen Sie vier bis sechs der folgenden Gemüsesorten aus:

Salatgurke
Möhre
Radieschen oder Rettich
Blumenkohl
Brokkoli
Grünkohl
Weißkohl
Staudensellerie
Zwiebel
frischer Ingwer
Lauch
Frühlingszwiebel
rote Paprikaschote
grüne Paprikaschote
grüne Bohnen
Knoblauch
4,5 l Wasser, abgekocht und abgekühlt
175 g Salz
50 g Chilischoten
3 TL Szetschuan-Pfeffer
50 ml chinesischer Branntwein (ersatzweise Gin, weißen Rum oder Wodka)
100 g Ingwer
100 g brauner Zucker

Zubereitung

1 Das abgekochte und abgekühlte Wasser in ein großes, sauberes Steingutgefäß oder Einmachglas füllen und Salz, Chilischoten, Szetschuan-Pfeffer, Branntwein, Ingwer und Zucker hinzufügen.

2 Das Gemüse waschen, putzen und gut abtropfen lassen. Anschließend das Gemüse in das Glas geben, dieses luftdicht verschließen und an einem dunklen, kühlen Ort mindestens fünf Tage ruhen lassen.

3 Das Gemüse mit sauberen Eßstäbchen oder einer Gurkenzange aus dem Glas nehmen. Achten Sie darauf, daß dabei kein Fett in das Glas gelangt; dann können Sie das Gefäß nach Belieben wieder mit Gemüse auffüllen (jedesmal etwas Salz hinzufügen). Falls sich auf der Oberfläche der Salzlake weißer Schaum bilden sollte, geben Sie noch etwas Zucker und Branntwein dazu. Je länger das Gemüse eingelegt ist, desto besser schmeckt es.

KNUSPRIGER »SEETANG«

Bei dem in vielen chinesischen Restaurants servierten »Seetang« handelt es sich in Wirklichkeit um Grünkohl! Verwenden Sie am besten jungen Grünkohl, dessen dunkelgrüne Außenblätter noch sehr zart sind. Dieses Gericht eignet sich hervorragend als Beilage für zahlreiche Menüs, gibt aber auch eine interessante Vorspeise ab oder ist Blickfang bei einem Buffet.

750 g Grünkohl
600 ml Öl zum Fritieren
1 TL Salz
1 TL Zucker

Vorbereitung

Die Grünkohlblätter waschen, trockentupfen und mit einem scharfen Messer in hauchdünne Streifen schneiden. Kohlstreifen auf Küchenpapier zum Trocknen ausbreiten oder in einem Sieb gründlich abtropfen lassen.

Zubereitung

Öl in einem Wok oder in einer Friteuse erhitzen. Kurz bevor das Öl zu heiß wird, die Temperatur einen Moment reduzieren; anschließend die Grünkohlstreifen nacheinander bei mittlerer Temperatur unter Rühren (mit Holzstäbchen) garen. Sobald die Streifen an der Oberfläche schwimmen, den Grünkohl mit einem Schaumlöffel herausnehmen und auf Küchenpapier sorgfältig abtropfen lassen. Den Grünkohl gleichmäßig mit Salz und Zucker bestreuen, vorsichtig vermengen und kalt servieren.

Variante

50 g Mandelsplitter rösten, bis sie schön knusprig sind, und zum Garnieren über den »Seetang« geben.

SUPPEN

Die meisten Chinesen reichen zu ihren Mahlzeiten statt Tafelwasser eine Suppe – oft eine klare Brühe, der kurz vor dem Servieren in dünne Scheiben oder Stifte geschnittenes Gemüse beigefügt wird.

Während in der europäischen Küche Suppen häufig einen gehaltvollen Bestandteil der Mahlzeit bilden und immer als erster Gang des Menüs gereicht werden, dient in China die Suppe entweder zum Nachspülen der festen, würzigen Nahrungsmittel oder man reicht sie bei formellen Menüs zwischen zwei Gängen zum Reinigen des Gaumens.

Ein chinesischer Koch ist in der Lage, aus wenigen Zutaten eine nahrhafte und köstliche Suppe zu zaubern: Er benötigt lediglich eine Handvoll frisches Gemüse, das unter Rühren gegart wird, sowie etwas Wasser und Gewürze und bringt das Ganze rasch zum Kochen. Eine schnelle Suppe erzielt man aber auch, wenn man die Reste einer Mahlzeit mit Wasser verdünnt und noch einmal aufkocht – nicht einmal eine Instantsuppe ist schneller fertig.

Sojabohnensprossensuppe (Rezept Seite 44)

TOMATENSUPPE MIT EI

250 g Tomaten, enthäutet
1 Ei
2 Frühlingszwiebeln, feingehackt
1 EL Öl
1 l Wasser
2 EL helle Sojasauce
1 TL Maisstärke (Mondamin), mit 2 TL Wasser verrührt

Vorbereitung

1 Die Tomaten zum Enthäuten 1 Min. in kochendes Wasser tauchen, die Haut abziehen und in dicke Scheiben schneiden.

2 Das Ei verquirlen und die Frühlingszwiebeln fein hacken.

Zubereitung

Öl in einem Wok oder einer Pfanne stark erhitzen, bis es raucht. Frühlingszwiebeln zum Aromatisieren des Öls hinzufügen, anschließend Wasser und Tomaten dazugeben und zum Kochen bringen. Die Sojasauce und das Ei ganz langsam in die Suppe gleiten lassen. Danach mit der aufgelösten Maisstärke etwas andicken und sofort servieren.

CHINAKOHLSUPPE

250 g Chinakohl
3–4 getrocknete Tongu-Pilze, in warmem Wasser 30 Min. eingeweicht
2 EL Öl
2 TL Salz
1 EL Reiswein oder trockener Sherry
850 ml Wasser
1 TL Sesamöl

Vorbereitung

Chinakohl waschen und in dünne Scheiben schneiden. Die eingeweichten Pilze ausdrücken, die harten Stiele entfernen und die Pilze in kleine Stücke schneiden. Das Einweichwasser der Pilze beiseite stellen.

Zubereitung

Öl in einem Wok oder einer Pfanne stark erhitzen, bis es raucht. Chinakohl und Pilze unter Rühren hinzufügen und Salz, Reiswein, Wasser und Einweichwasser der Pilze dazugeben. Das Ganze zum Kochen bringen, Sesamöl hinzufügen und sofort servieren.

SCHARF-SAURE SUPPE

3 getrocknete Tongu-Pilze, in warmem Wasser 30 Min. eingeweicht
2 Packungen Tofu
50 g Szetschuan-Gemüse
50 g Mixed Pickles, wie etwa Gurken, Kohl oder grüne Bohnen
2 Frühlingszwiebeln, feingehackt
2 Scheiben Ingwer, in dünne Stifte geschnitten
850 ml Wasser
1 TL Salz
2 EL Reiswein oder Sherry
1 EL Sojasauce
frisch gemahlener Pfeffer zum Abschmecken
1 TL Sesamöl
1 TL Maisstärke (Mondamin), mit 2 TL Wasser verrührt

Vorbereitung

1 Die eingeweichten Pilze ausdrücken, die harten Stiele entfernen und die Pilze in kleine Stücke schneiden. Das Einweichwasser der Pilze beiseite stellen.

2 Tofu, Szetschuan-Gemüse, Mixed Pickles und Ingwer in sehr dünne Streifen schneiden und die Frühlingszwiebeln fein hacken.

Zubereitung

Das Wasser in einem Wok oder großen Topf zum Kochen bringen, alle Zutaten und Gewürze hineingeben und 2 Min. köcheln lassen. Das Sesamöl hinzufügen und die Suppe durch Einrühren der aufgelösten Maisstärke andicken. Sofort servieren.

Tip: Falls Ihnen die Säure des eingelegten Gemüses nicht reicht, können Sie die Suppe mit etwas Essig zusätzlich abschmecken.

SPINAT-TOFU-SUPPE

250 g frischer Spinat
2 Packungen Tofu
2 EL Öl
2 TL Salz
600 ml Wasser
2 EL Sojasauce
1 TL Sesamöl

Vorbereitung

1 Den Spinat gründlich waschen, harte und verfärbte Blätter entfernen. Überschüssiges Wasser abschütteln und die Spinatblätter in kleine Stücke schneiden.

2 Tofu in etwa 14 Stücke schneiden.

Zubereitung

1 Öl in einem Wok oder großen Topf stark erhitzen und den Spinat unter Rühren darin garen. Salz und Wasser hinzufügen und das Ganze zum Kochen bringen.

2 Tofu und Sojasauce dazugeben und 1–2 Min. kochen. Das Sesamöl erst kurz vor dem Servieren hinzufügen.

MAIS-SPARGEL-SUPPE

- 200 g Spargel
- 1 Eiweiß
- 1 EL Maisstärke (Mondamin)
- 2 EL Wasser
- 500 ml Wasser
- 1 TL Salz
- 100 g Mais
- 1 Frühlingszwiebel, feingehackt, zum Garnieren

Vorbereitung

1 Die Spargelstangen in kleine Würfel schneiden.

2 Das Eiweiß leicht schlagen. Die Maisstärke mit den 2 EL Wasser zu einer geschmeidigen Paste verrühren.

Zubereitung

1 Wasser zum Kochen bringen, dann Salz, Mais und Spargel hinzufügen. Sobald das Wasser erneut kocht, die Stärkepaste unter ständigem Rühren dazugeben.

2 Das Eiweiß ganz langsam unter Rühren in die Suppe gleiten lassen. Die Suppe mit feingehackten Frühlingszwiebeln garnieren und heiß servieren.

Mais-Spargel-Suppe *(rechte Seite)*

SOJABOHNENSPROSSENSUPPE

- 250 g frische Sojabohnensprossen
- 1 kleine rote Paprikaschote, entkernt
- 2 EL Öl
- 2 TL Salz
- 600 ml Wasser
- 1 Frühlingszwiebel, feingehackt

Vorbereitung

1 Sojabohnensprossen in kaltem Wasser waschen, alle an der Wasseroberfläche treibenden Fremdkörper entfernen und die Sprossen abtropfen lassen.

2 Paprikaschote in dünne Streifen schneiden.

Zubereitung

1 Öl in einem Wok oder einer Pfanne stark erhitzen, bis es raucht. Sojabohnensprossen und Paprika hinzufügen, dabei gelegentlich umrühren. Dann Salz und Wasser dazugeben.

2 Sobald die Suppe kocht, mit feingehackten Frühlingszwiebeln garnieren und sofort servieren.

TONGU-SUPPE

6 getrocknete Tongu-Pilze
2 TL Maisstärke (Mondamin)
1 EL kaltes Wasser
3 Eiweiß
2 TL Salz
600 ml Wasser
1 Frühlingszwiebel, feingehackt

Vorbereitung

1 Die getrockneten Pilze etwa 25–30 Min. in warmem Wasser einweichen, anschließend ausdrücken, die harten Stiele entfernen und die Pilze in dünne Scheiben schneiden. Das Einweichwasser der Pilze beiseite stellen.

2 Die Maisstärke mit dem Wasser zu einer geschmeidigen Paste verrühren; Eiweiß vorsichtig mit den Fingern durchkämmen und auflockern.

Zubereitung

1 Das Wasser und das Einweichwasser der Pilze in einem Topf zum Kochen bringen, Pilze hinzufügen und etwa 1 Min. kochen. Anschließend die Stärkepaste unterrühren und Salz dazugeben.

2 Das Eiweiß ganz langsam unter ständigem Rühren in die Suppe gleiten lassen.

3 Die Suppe mit feingehackten Frühlingszwiebeln garnieren und sofort servieren.

GURKENSUPPE

½ Salatgurke
50 g frische Mu-Err-Pilze
600 ml Wasser
1½ TL Salz
1 TL Sesamöl
1 Frühlingszwiebel, feingehackt

Vorbereitung

1 Salatgurke der Länge nach halbieren und ungeschält in dünne Scheiben schneiden.

2 Die Pilze waschen und ungeschält in Scheiben schneiden.

Zubereitung

1 Das Wasser in einem Wok oder einem großen Topf zum Kochen bringen. Gurken, Pilze und Salz hinzufügen und etwa 1 Min. kochen.

2 Sesamöl und feingehackte Frühlingszwiebeln dazugeben, einmal durchrühren und sofort servieren.

MU-ERR-SUPPE MIT FRITIERTEM TOFU

50 g fritierter Tofu oder 1 Packung frischer Tofu
3–4 EL Mu-Err-Pilze
600 ml Wasser
1 TL Salz
1 EL helle Sojasauce
1 Frühlingszwiebel, feingehackt
1 TL Sesamöl

Vorbereitung

1 Verwenden Sie fertig abgepackten, fritierten Tofu (falls erhältlich). Ersatzweise schneiden Sie eine Packung frischen Tofu in etwa 20 kleine Würfel, und fritieren Sie diese in stark erhitztem Pflanzenöl, bis sie goldbraun werden und aufgehen. Anschließend die Würfel halbieren.

2 Die Mu-Err-Pilze etwa 20–25 Min. in Wasser einweichen und unter fließendem Wasser sorgfältig abspülen.

Zubereitung

1 Das Wasser in einem Wok oder großen Topf zum Kochen bringen, Tofu, Pilze und Salz hinzufügen.

2 Sobald die Suppe erneut kocht, die Sojasauce dazugeben und etwa 1 Min. kochen. Die Suppe mit feingehackten Frühlingszwiebeln und Sesamöl garnieren und sofort servieren.

GLASNUDELSUPPE MIT TOFUBLÄTTERN

15 g getrocknete Tofublätter
25 g Lilienknospen
5 g Seetang
50 g Glasnudeln
850 ml Wasser
1 TL Salz
2 EL helle Sojasauce
1 EL Reiswein oder trockener Sherry
1 TL Ingwer, feingehackt
2 Frühlingszwiebeln, feingehackt
2 TL Sesamöl
frischer Koriander zum Garnieren

Vorbereitung

1 Die Tofublätter etwa 30–35 Min. in heißem Wasser einweichen und anschließend in kleine Stücke schneiden.

2 Lilienknospen und Seetang getrennt etwa 20–25 Min. in Wasser einweichen; die Knospen gründlich abspülen. Den Seetang auflockern, bis er wie menschliches Haar aussieht.

3 Mit einer Schere werden die Glasnudeln in mundgerechte Stücke geschnitten.

Zubereitung

1 Das Wasser in einem Wok oder großen Topf zum Kochen bringen, alle Zutaten und Gewürze dazugeben und gut durchrühren.

2 Die Suppe etwa 1–2 Min. kochen. Sesamöl hinzufügen und mit Korianderblättern garniert sofort servieren.

SCHNELLE PFANNENGERICHTE

Das in China übliche Garen der Zutaten unter ständigem Rühren im Wok oder in der Pfanne ist eine einfache, wirtschaftliche und zugleich schmackhafte und gesunde Zubereitungsmethode. Dazu werden alle Zutaten in dünne Scheiben, Streifen oder Stifte geschnitten und anschließend bei starker Hitze in etwas Öl unter Rühren wenige Minuten gebraten. Die meisten Gemüsesorten sind bereits nach 1–2 Minuten gar, wobei ihr natürliches Aroma und ihr Biß durch die hohe Temperatur und die kurze Garzeit erhalten bleiben. So kommt das Gemüse knackig und leuchtend frisch auf den Tisch. Eine zu lange Garzeit bei schwacher Hitze verwandelt die Zutaten dagegen in eine breiige Masse. Die folgenden Pfannengerichte eignen sich besonders für eher unerfahrene Köche, da sie schnelle und attraktive Ergebnisse liefern und man nicht stundenlang in der Küche am heißen Herd stehen muß. Wenn die richtigen Zutaten bereitliegen, läßt sich eine einfache, aber delikate Mahlzeit aus zwei bis drei Pfannengerichten für vier bis sechs Personen in weniger als einer Stunde vorbereiten, garen und servieren.

Gebratener roter und grüner Paprika (Rezept Seite 55)

GEBRATENER BROKKOLI

250 g Brokkoli
3 EL Öl
1 TL Salz
1 TL Zucker
2 EL Wasser

Vorbereitung

Den Brokkoli in kleine Röschen teilen und die harte Haut der Stiele entfernen.

Zubereitung

Öl in einem Wok stark erhitzen und die Brokkoliröschen etwa 1–2 Min. unter Rühren darin braten. Anschließend Salz, Zukker und Wasser hinzufügen, weitere 2 Min. garen und sofort servieren.

Gebratener Brokkoli

GEBRATENER ROTER UND GRÜNER PAPRIKA

1 große oder 2 kleine rote Paprikaschoten, entkernt

1 große oder 2 kleine grüne Paprikaschoten, entkernt

3 EL Öl

1 TL Salz

1 TL Zucker

Vorbereitung

Die Paprikaschoten in rautenförmige Stücke schneiden. Das Gericht wird noch farbenfroher, wenn Sie zusätzlich gelbe oder orangefarbene Paprikaschoten verwenden.

Zubereitung

Öl in einem Wok oder einer Pfanne erhitzen, bis es raucht. Das Öl mit einem Küchenspatel so verteilen, daß die Oberfläche des Woks bzw. der Pfanne gleichmäßig eingefettet ist. Paprika hinzufügen und unter Rühren garen, bis alle Rauten mit Öl bedeckt sind. Anschließend Salz und Zucker dazugeben, noch 1 Min. rühren und sofort servieren, falls das Gemüse knackig sein soll. Andernfalls die Zutaten 1 weitere Min. unter Rühren garen, bis die Haut der Paprikaschoten sich leicht wellt. Während des letzten Kochstadiums eventuell etwas Wasser hinzufügen.

GEBRATENER SALAT

1 großer Kopf (Römischer) Salat
3 EL Öl
1 TL Salz
1 TL Zucker

Vorbereitung

Die äußeren harten Salatblätter entfernen, den restlichen Salat gründlich waschen und das überschüssige Wasser abschütteln. Größere Salatblätter in 2 oder 3 Teile rupfen.

Zubereitung

Öl in einem Wok oder großen Topf erhitzen, erst Salz und anschließend die Salatblätter hinzufügen und unter kräftigem Rühren garen. Den Zucker unterrühren; sobald die Blätter welk werden, den Salat auf eine Servierplatte geben und sofort servieren.

GEBRATENE SOJABOHNENSPROSSEN MIT PAPRIKA

500 g frische Sojabohnensprossen
1 kleine grüne Paprikaschote, entkernt
1–2 Frühlingszwiebeln
3 EL Öl
1 TL Salz
1 TL Zucker

Vorbereitung

1 Sojabohnensprossen in kaltem Wasser waschen, alle an der Wasseroberfläche treibenden Fremdkörper entfernen und die Sprossen abtropfen lassen.

2 Die Paprikaschote in dünne Stifte und die Frühlingszwiebeln in dünne Ringe schneiden.

Zubereitung

1 Öl in einem Wok oder Topf stark erhitzen, bis es raucht. Frühlingszwiebeln und Paprika dazugeben und mehrmals durchrühren; anschließend die Sojabohnensprossen unter Rühren hinzufügen.

2 Nach etwa ½ Min. Salz und Zucker unterrühren. Die Sojabohnensprossen nicht zu lange garen lassen, da sie sonst weich und teigig werden. Dieses Gericht kann sowohl heiß als auch kalt serviert werden.

GEBRATENER SPARGEL

Verwenden Sie am besten frischen Spargel für dieses Gericht, wobei dünner grüner Spargel aromatischer ist als dicker weißer Spargel.

500 g Spargel
2 EL Öl
1 TL Salz
1 TL Zucker

Vorbereitung

Den Spargel in kaltem Wasser gründlich waschen, die holzigen Enden entfernen und das untere Drittel schälen. Spargelstangen in 3 cm lange Stücke schneiden, dabei das Messer schräg ansetzen. Nach jedem Schnitt werden die Stangen halb umgedreht und erneut diagonal abgeschnitten, so daß rautenförmige Stücke entstehen.

Zubereitung

Öl in einem Wok oder einer Pfanne stark erhitzen, dabei den Wok mehrmals hin- und herschwenken, damit die Oberfläche gleichmäßig eingefettet wird. Sobald das Öl zu rauchen beginnt, den Spargel hinzufügen und unter Rühren garen, bis alle Stücke gleichmäßig mit Öl bedeckt sind. Salz und Zucker dazugeben und weitere 1–2 Min. garen. Am besten geben Sie keine zusätzliche Flüssigkeit dazu, da dies die Farbe und den Biß des Spargels verderben würde. Dieses Gericht kann sowohl heiß als auch kalt serviert werden.

GEBRATENE ZUCCHINI

500 g Zucchini
3 EL Öl
2 TL Salz
1 TL Zucker
2 EL Wasser

Vorbereitung

Zucchini nicht schälen, lediglich die Enden abschneiden. Anschließend die Zucchini der Länge nach halbieren und diagonal in rautenförmige Stücke schneiden.

Zubereitung

Öl in einem Wok erhitzen; sobald es zu rauchen beginnt, die Zucchini unter Rühren etwa ½ Min. garen. Salz und Zucker hinzufügen und weitere 1–2 Min. braten, gegebenenfalls etwas Wasser dazugeben. Sofort servieren.

GEBRATENER PAPRIKA MIT TOMATEN UND ZWIEBELN

1 große oder 2 kleine grüne Paprikaschoten
1 große oder 2 kleine feste Tomaten
1 große oder 2 kleine Zwiebeln
3 EL Öl
1 TL Salz
1 TL Zucker

Vorbereitung

Die Paprikaschoten entkernen und die Zwiebeln schälen. Dann das gesamte Gemüse in gleichgroße Stücke schneiden.

Zubereitung

Öl in einem Wok oder großen Topf erhitzen, bis es raucht. Zwiebeln hinzufügen und unter Rühren ½ Min. garen. Anschließend Paprika dazugeben und 1 weitere Min. braten. Dann Tomaten, Salz und Zucker unterrühren und 1 weitere Min. garen. Heiß oder kalt servieren.

»ZWEI WINTER«

Dicke Bambussprossen und Pilze repräsentieren die beiden »Winter«.

25 g getrocknete Tongu-Pilze
250 g dicke Bambussprossen
3 EL Sojasauce
2 EL Öl
1 TL Zucker
4 EL Pilzfond
1 TL Maisstärke (Mondamin), mit 2 TL Wasser verrührt
1 TL Sesamöl

Vorbereitung

1 Die Pilze (am besten kleine, aber gleichgroße) in warmem Wasser etwa 30 Min. einweichen, ausdrücken und den Pilzfond für später beiseite stellen.

2 Bambussprossen in dünne Scheiben schneiden, nicht viel größer als die Pilze.

Zubereitung

Das Öl erhitzen, bis es raucht. Pilze und Bambussprossen etwa 1 Min. unter Rühren darin garen. Sojasauce und Zucker hinzufügen und mehrmals durchrühren. Anschließend den Pilzfond dazugeben, zum Kochen bringen und etwa 2 Min. garen. Danach die aufgelöste Maisstärke sorgfältig unterrühren, Sesamöl hinzufügen und sofort servieren.

GEBRATENER CHINAKOHL

Scharf-saurer Weißkohl (Rezept Seite 80) | Weißkohl mit rotem und grünem Paprika | Gebratener Chinakohl

500 g Chinakohl
3 EL Öl
1 ½ TL Salz
1 TL Zucker

Vorbereitung

Verwenden Sie am besten einen kleinen, frischen Chinakohl. Alle äußeren Kohlblätter werden entfernt und der Rest unter fließendem kaltem Wasser gewaschen; anschließend in kleine Stücke schneiden. Um den Vitaminverlust bei Kontakt mit der Luft zu verringern, sollte der Kohl möglichst sofort nach dem Schneiden gegart werden.

Zubereitung

Öl in einem Wok oder einer Pfanne stark erhitzen. Dabei den Wok mehrmals hin- und herschwenken, damit die Oberfläche gleichmäßig eingefettet wird. Den Chinakohl hinzufügen und 1 Min. unter Rühren garen; er verliert leicht den Biß. Salz und Zucker dazugeben und 1 weitere Min. garen. Da die hohe Temperatur die natürliche Feuchtigkeit des Kohl austreten läßt, müssen Sie kein zusätzliches Wasser hinzufügen. Dieses Gericht schmeckt sowohl heiß als auch kalt.

EISSKOHL MIT ROTEM UND GRÜNEM PAPRIKA

500 g Weißkohl
1 rote Paprikaschote
1 grüne Paprikaschote
3 EL Öl
1 TL Salz
1 TL Sesamöl

Vorbereitung

Weißkohl in dünne Streifen schneiden, Paprika entkernen und ebenfalls in dünne Streifen schneiden.

Zubereitung

Öl in einem Wok oder großen Topf stark erhitzen, Weißkohl und Paprika dazugeben und unter Rühren 1–2 Min. garen. Salz hinzufügen und mehrmals durchrühren. Anschließend mit Sesamöl garnieren und entweder heiß oder kalt servieren.

EIER MIT TOMATEN

- 250 g feste Tomaten
- 5 Eier
- 1½ TL Salz
- 2 Frühlingszwiebeln, feingehackt
- 1 TL frischer Ingwer, feingehackt (nach Wunsch)
- 4 EL Öl

Vorbereitung

1 Tomaten in eine Schüssel mit kochendem Wasser geben und anschließend enthäuten. Die Tomaten der Länge nach halbieren und jede Hälfte in kleine Stücke schneiden.

2 Die Eier mit einer Prise Salz und etwa einem Drittel der feingehackten Frühlingszwiebeln verquirlen.

Zubereitung

1 Etwa die Hälfte des Öls in einem Wok oder einer Pfanne stark erhitzen und die Eier bei mittlerer Temperatur leicht stokken lassen. Die Rühreier aus dem Wok nehmen.

2 Den Wok erneut stark erhitzen und das restliche Öl hineingeben; sobald es heiß ist, die restlichen Frühlingszwiebeln, den Ingwer (nach Wunsch) und die Tomaten hinzufügen. Das Ganze mehrmals durchrühren und die Rühreier zusammen mit dem restlichen Salz dazugeben. Etwa 1 weitere Min. unter Rühren braten und sofort servieren.

Tip: Statt der Tomaten kann man auch andere Gemüsesorten wie Salatgurken, grüne Paprikaschoten oder junge Erbsen verwenden.

»VIER KOSTBARKEITEN«

Bei diesem Pfannengericht wurden die Zutaten (genau wie bei der Asiatischen Gemüsepfanne) so ausgewählt, daß sie zusammen ein harmonisches Gleichgewicht aus Farben, Strukturen und Geschmackskomponenten bilden.

15 g getrocknete Mu-Err-Pilze
250 g Brokkoli
200 g Bambussprossen
100 g Austernpilze
4 EL Öl
1 1/2 TL Salz
1 TL Zucker
1 TL Sesamöl

Vorbereitung

1 Die Mu-Err-Pilze 15–20 Min. in Wasser einweichen und anschließend gründlich abspülen. Eventuelle harte Enden entfernen und größere Pilze in kleine Stücke schneiden.

2 Brokkoli waschen und in Röschen teilen. Die Stengel schälen und in kleine Stücke schneiden.

3 Bambussprossen in Scheiben schneiden oder besonders dicke Sprossen auf die Größe der Brokkolistengel zuschneiden.

4 Anschließend die Austernpilze waschen und putzen, aber nicht schälen, falls es sich um frische Pilze handelt. Austernpilze aus der Dose müssen nur abtropfen und sind dann gebrauchsfertig.

Zubereitung

1 Öl in einem Wok oder einer Pfanne sehr stark erhitzen, bis es raucht. Anschließend das Öl mit einer Schöpfkelle oder einem Küchenspatel so verteilen, daß die Oberfläche des Woks bzw. der Pfanne gleichmäßig eingefettet ist.

2 Zuerst die Brokkoliröschen dazugeben und wenden, bis sie gleichmäßig mit Öl bedeckt sind. Danach Bambussprossen und Austernpilze hinzufügen und etwa 1 Min. unter Rühren garen. Mu-Err-Pilze, Salz und Zucker unterrühren und 1 weitere Min. garen. Das Gemüse sollte soviel Feuchtigkeit abgeben, daß sich ein sämiger Kochsud bildet. Falls die Zutaten im Wok zu trocken sind, etwas Wasser hinzufügen und vor dem Servieren erneut aufkochen. Das Sesamöl erst gegen Ende der Garzeit dazugeben.

AUBERGINEN MIT SZETSCHUAN-»FISCHSAUCE«

Die Szetschuan-»Fischsauce« wird im allgemeinen zu Fischgerichten gereicht, enthält jedoch selbst keinen Fisch.

500 g Auberginen
4 getrocknete rote Chilischoten
Öl zum Fritieren
3 Frühlingszwiebeln, feingehackt
1 Scheibe Ingwer, geschält und feingehackt
1 Knoblauchzehe, feingehackt
1 TL Zucker
1 EL Sojasauce
1 EL Essig
1 EL Chilibohnenpaste
2 TL Maisstärke (Mondamin), mit 2 EL Wasser verrührt
1 TL Sesamöl

Vorbereitung

1 Die roten Chilischoten 5–10 Min. einweichen, in kleine Stücke schneiden und die Stiele entfernen.

2 Auberginen schälen, Stiele entfernen und das Fruchtfleisch in rautenförmige Stücke schneiden.

Zubereitung

1 Öl in einem Wok erhitzen und die Auberginen darin etwa 3–4 Min. fritieren, bis sie gar sind. Auberginenstücke mit einem Schaumlöffel herausnehmen und abtropfen lassen.

2 Das Öl abgießen; anschließend Auberginen, Chilischoten, Frühlingszwiebeln, Ingwer und Knoblauch in den Wok zurückgeben und mehrmals umrühren. Zucker, Sojasauce, Essig und Chilibohnenpaste hinzufügen und 1 Min. unter Rühren garen. Zum Schluß die Stärkepaste unterrühren, das Gericht mit Sesamöl garnieren und entweder heiß oder kalt servieren.

TOFU MIT PILZEN

4 Packungen Tofu
3–4 mittelgroße getrocknete Tongu-Pilze
1 EL Sherry
4 EL Öl
1 EL Sojasauce
1 TL Maisstärke (Mondamin)
1/2 TL Salz
1/2 TL Zucker
1 TL Sesamöl

Vorbereitung

1 Die Pilze in warmem Wasser etwa 30 Min. einweichen, ausdrücken und die Stiele entfernen. Das Einweichwasser der Pilze beiseite stellen, um es als Pilzfond zu verwenden.

2 Tofublöcke in 6 mm dicke Scheiben und diese wiederum in 6 oder 8 Stücke schneiden.

Zubereitung

Öl in einem Wok erhitzen und die Pilze kurz unter Rühren garen; anschließend etwa 150 ml Einweichwasser dazugeben, zum Kochen bringen und den Tofu zusammen mit Salz und Zucker hinzufügen. Das Ganze eine Zeitlang köcheln lassen, dann Sherry und Sesamöl dazugeben. Die Maisstärke mit der Sojasauce und etwas Wasser in einer kleinen Schüssel verrühren, über die Tofustücke im Wok gießen, so daß diese mit einer klaren, hellen Glasur bedeckt sind. Sofort servieren.

GEBRATENER BLUMENKOHL

1 kleiner Blumenkohl
3 EL Öl
2 TL Salz
1 TL Zucker
4 EL Wasser

Vorbereitung

Blumenkohl in kaltem Wasser waschen und die äußeren harten Blätter entfernen. Den Kohl so in Röschen teilen, daß immer ein Stück Stiel stehen bleibt.

Zubereitung

Öl in einem Wok erhitzen und den Blumenkohl etwa 1 Min. unter Rühren braten. Salz, Zucker und Wasser dazugeben und weitere 2 bis maximal 5 Min. garen, wenn das Gemüse schon recht weich sein soll; gegebenenfalls etwas Wasser hinzufügen. Sofort servieren.

GEBRATENER KOHLRAPS

Kohlraps hat blaugrüne Blätter an hellgrünen Stengeln und trägt gelbe Blüten. Sein Öl – das Rapsöl – wird aus den Samen gepreßt und findet in der chinesischen Küche häufig Verwendung zum Braten.

500 g Kohlraps
1–2 Scheiben Ingwer, geschält
3 EL Öl
1 TL Salz
1 TL Zucker
1 EL helle Sojasauce

Vorbereitung

1 Gemüse waschen und eventuelle harte Enden sowie die äußeren verfärbten Blätter entfernen.

2 Den geschälten Ingwer in kleine Stücke schneiden.

Zubereitung

Öl in einem Wok oder einer Pfanne stark erhitzen und dabei die Oberfläche gleichmäßig einfetten. Zuerst den Ingwer ins Öl geben, dann den Kohlraps hinzufügen und etwa 1 Min. braten. Salz und Zucker dazugeben und 1 weitere Min. garen. Die Sojasauce darübergießen und noch einen Moment braten. Sofort servieren. Dieses Gericht dient in der chinesischen Küche häufig dazu, einer Mahlzeit Farbe zu verleihen.

GEBRATENER SPINAT MIT TOFU

250 g Spinat
2 Packungen Tofu
4 EL Öl
1 TL Salz
1 TL Zucker
1 EL Sojasauce
1 TL Sesamöl

Vorbereitung

Den Spinat gründlich waschen und sorgfältig abtrocknen. Beide Tofu-Packungen in jeweils 8 Stücke schneiden.

Zubereitung

1 Öl in einem Wok erhitzen, die Tofustücke darin goldbraun braten; dabei ein- bis zweimal vorsichtig wenden. Den Tofu mit einem Schaumlöffel herausnehmen und beiseite stellen.

2 Spinat in restlichem Öl etwa 1/2 Min. unter Rühren garen, bis die Blätter welk werden. Tofu, Salz, Zucker und Sojasauce hinzufügen, gut durchrühren und weitere 1–2 Min. garen. Sesamöl dazugeben und sofort servieren.

GEBRATENE GRÜNE BOHNEN MIT SOJABOHNENSPROSSEN

Für dieses Gericht eignen sich Prinzeßböhnchen am besten. Falls diese nicht erhältlich sind, können Sie auch gestiftelte Stangenbohnen oder Kaiserschoten verwenden.

250 g grüne Bohnen (Prinzeßböhnchen, Stangenbohnen) oder Kaiserschoten
250 g frische Sojabohnensprossen
4 EL Öl
1 1/2 TL Salz
1 TL Zucker

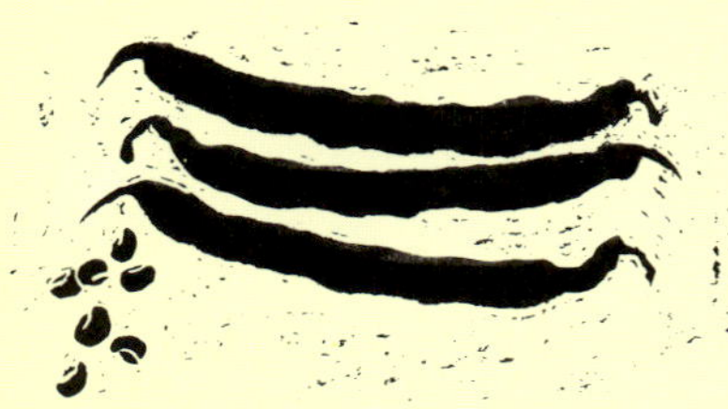

Vorbereitung

1 Die Bohnen waschen, putzen und eventuell kleinschneiden.

2 Sojabohnensprossen in kaltem Wasser waschen, alle an der Wasseroberfläche treibenden Fremdkörper entfernen und die Sprossen abtropfen lassen.

Zubereitung

1 Öl in einem Wok oder einer Pfanne stark erhitzen, bis es raucht. Dabei den Wok mehrmals hin- und herschwenken, damit die Oberfläche gleichmäßig eingefettet wird. Zuerst die Bohnen dazugeben und gut durchrühren, bis alle gleichmäßig mit Öl bedeckt sind. Anschließend die Sojabohnensprossen etwa 1/2 Min. unter Rühren garen; Salz und Zucker hinzufügen.

2 Das Ganze höchstens 1 weitere Min. unter Rühren garen, da sich die grünen Bohnen sowie die Sojabohnensprossen bei einer zu langen Kochzeit in eine breiige Masse verwandeln.

GEBRATENE GRÜNE BOHNEN MIT MAISKÖLBCHEN

Falls Sie keine frischen Maiskölbchen bekommen können, verwenden Sie einfach 350–400 g abgetropfte Maiskölbchen aus der Dose oder aus dem Glas.

250 g grüne Bohnen
250 g frische Maiskölbchen
3–4 EL Öl
1½ TL Salz
1 TL Zucker
2 EL Wasser

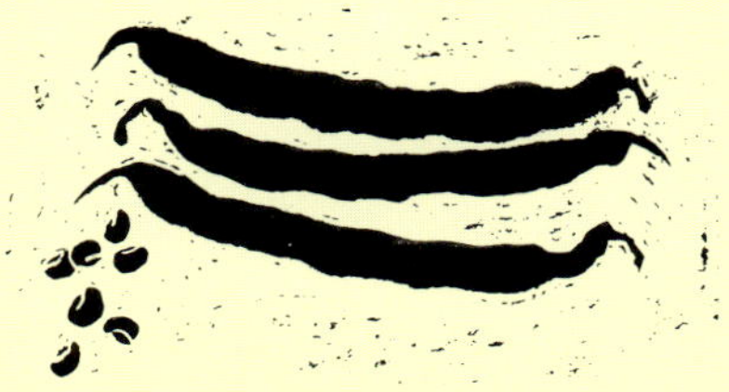

Vorbereitung

1 Die Bohnen waschen und putzen.

2 Ganz kleine Maiskölbchen können Sie ganz verwenden, ansonsten schneidet man sie besser in zwei bis drei rautenförmige, mundgerechte Stücke.

Zubereitung

1 Einen Wok oder eine Pfanne stark erhitzen und Öl hinzufügen. Dabei den Wok mehrmals hin- und herschwenken, damit die Oberfläche gleichmäßig eingefettet wird. Sobald das Öl zu rauchen beginnt, Bohnen und Maiskölbchen dazugeben und 1 Min. unter Rühren braten. Salz und Zucker hinzufügen und 1 weitere Min. garen. Gegebenenfalls etwas Wasser über das Gemüse gießen, falls es vor Ende der Garzeit austrocknet.

2 Das Pfannengericht sofort servieren, sobald alle Flüssigkeit verdampft ist. Falls Sie das Gemüse lieber mit viel Biß mögen, servieren Sie es einfach mit dem verbleibenden Kochsud.

GEBRATENE KAISERSCHOTEN MIT TONGU-PILZEN

6–8 getrocknete Tongu-Pilze
250 g Kaiserschoten
3 EL Öl
1 TL Salz
1 TL Zucker

Vorbereitung

1 Die Pilze in warmem Wasser 25–30 Min. einweichen, ausdrücken und die harten Stiele entfernen. Das Einweichwasser beiseite stellen und die Pilze in kleine Stücke schneiden.

2 Kaiserschoten waschen und putzen, große Schoten halbieren, kleinere werden ganz verwendet.

Zubereitung

Öl in einem Wok oder einer Pfanne stark erhitzen, bis es raucht. Die Kaiserschoten einige Sekunden unter Rühren garen, anschließend Pilze, Salz und Zucker hinzufügen und weitere 1/2 Min. braten. Etwas Pilzfond darübergießen und sofort servieren, sobald die Flüssigkeit zu kochen beginnt.

Tip: Die Flüssigkeit läßt sich zum Schluß noch mit etwas in kaltem Wasser aufgelöster Maisstärke andicken.

ASIATISCHE GEMÜSEPFANNE

100 g Chinakohl
100 g Möhren
100 g Kaiserschoten
5–6 getrocknete Tongu-Pilze
3 EL Öl
1 TL Salz
1 TL Zucker
1 TL Wasser

Vorbereitung

Die getrockneten Pilze in warmem Wasser 25–30 Min. einweichen, ausdrücken und die harten Stiele entfernen. Pilze in dünne Scheiben schneiden. Kaiserschoten putzen, anschließend den Chinakohl und die Möhren in Scheiben schneiden.

Zubereitung

Öl in einem vorgeheizten Wok erhitzen, Chinakohl, Möhren, Kaiserschoten und Pilze hinzufügen und etwa 1 Min. unter Rühren braten. Salz und Zucker dazugeben und 1 weitere Min. garen; gegebenenfalls etwas Wasser hinzufügen. Das Gemüse darf nicht zu lange garen, da es sonst seinen Biß verliert. Sofort servieren.

GEBRATENE SELLERIE MIT CHAMPIGNONS

1 kleine Staudensellerie
100 g Champignons
3 EL Öl
1½ TL Salz
1 TL Zucker

Vorbereitung

1 Sellerie waschen und die Stangen diagonal kleinschneiden.

2 Champignons waschen und ungeschält in dünne Scheiben schneiden.

Zubereitung

1 Öl in einem Wok oder einer Pfanne stark erhitzen, bis es raucht. Dabei den Wok mehrmals hin- und herschwenken, damit die Oberfläche gleichmäßig eingefettet wird.

2 Anschließend Sellerie und Champignons hinzufügen und etwa 1 Min. unter Rühren garen, bis das Gemüse gleichmäßig mit Öl bedeckt ist. Salz und Zucker unterrühren. Gegebenenfalls etwas Wasser dazugeben, falls das Gemüse zu trocken wird. Das Ganze jedoch nicht zu lange garen, da die Sellerie sonst ihren Biß verliert. Dieses Gericht kann sowohl heiß als auch kalt serviert werden.

GEBRATENER LAUCH MIT MU-ERR-PILZEN

3–4 EL Mu-Err-Pilze
500 g Lauch
3 EL Öl
1 TL Salz
1 TL Zucker
1 TL Sesamöl

Vorbereitung

1 Die Pilze 20–25 Min. in Wasser einweichen, dann gründlich abspülen und abtropfen lassen. Harte Enden entfernen.

2 Lauch waschen und diagonal in kurze Stücke schneiden.

Zubereitung

Öl in einem Wok oder einer Pfanne erhitzen und mit einer Schöpfkelle oder einem Küchenspatel so verteilen, daß die Oberfläche des Kochgeräts gleichmäßig eingefettet ist. Sobald das Öl zu rauchen beginnt, Lauch und Pilze hinzufügen und etwa 1 Min. unter Rühren garen. Salz und Zucker unterrühren, gegebenenfalls etwas Wasser dazugeben. Mit Sesamöl garnieren und sofort servieren.

GEBRATENE »EIER IN DER TASCHE«

In China werden Eier sehr häufig auf diese Weise zubereitet. Als Vorbereitung muß lediglich die Frühlingszwiebel sehr fein gehackt werden.

- 4 Eier
- 2–3 EL Öl
- 1 EL helle Sojasauce
- 1 Frühlingszwiebel, feingehackt

Zubereitung

Öl in einem Wok oder einer Pfanne erhitzen und die Eier von beiden Seiten darin braten. Sojasauce und etwas Wasser hinzufügen, das Ganze 1–2 Min. schmoren, mit Frühlingszwiebeln garnieren und heiß servieren.

Wenn man in eines der Eier hineinbeißt und auf das verborgene Eigelb stößt, scheint es, als habe man eine kleine Überraschung in einer Tasche gefunden – so ist das Gericht zu seinem Namen gekommen.

SCHARF-SAURER WEISSKOHL

700 g Weißkohl
10 Szetschuan-Pfefferkörner
5 kleine, getrocknete rote Chilischoten
3 EL Öl
2 EL Sojasauce
1½ EL Essig
1½ EL Zucker
1½ TL Salz
1 TL Sesamöl

Vorbereitung

Verwenden Sie einen runden, hellgrünen und fest geschlossenen Kohlkopf; lose Außenblätter weglassen. Den Kohl in kaltem Wasser waschen und die Blätter in streichholzschachtelgroße Stücke schneiden. Chilischoten kleinhacken. Sojasauce, Essig, Zucker und Salz zu einer Sauce verrühren.

Zubereitung

Öl in einem Wok erhitzen, bis es raucht. Zuerst die Pfefferkörner und Chilischoten dazugeben. Nach wenigen Sekunden den Kohl unterrühren. Das Ganze etwa 2 Min. garen, bis der Kohl welk wird. Die vorbereitete Sauce darübergießen und ein paar Sekunden verrühren, bis sie sich mit den übrigen Zutaten gut vermischt hat. Das Sesamöl erst kurz vor dem Servieren dazugeben. Dieses Gericht schmeckt heiß oder kalt.

VEGETARISCHES CHOP-SUEY

Viele Europäer wissen bereits, daß **Chop-suey** eigentlich eine westliche »Erfindung« ist, aber es gibt in China ein Gericht namens **tsa-sui**, was wörtlich »Bruchteile untereinander« oder »gemischte Stückchen« bedeutet. Das Gericht sollte alle speziell ausgesuchten Gemüsesorten enthalten, um die gewünschte Harmonie von Farben, Strukturen und Geschmackskomponenten zu erzielen, und niemals zerkochen, wie es manchmal in billigen Imbißstuben vorkommt.

2 Packungen Tofu
2 EL getrocknete Mu-Err-Pilze
200 g Brokkoli oder Kaiserschoten
200 g Bambussprossen
100 g Champignons
4–5 EL Öl
1 1/2 TL Salz
1 TL Zucker
1–2 Frühlingszwiebeln, feingehackt
1 EL helle Sojasauce
2 EL Reiswein oder trockener Sherry
1 TL Maisstärke (Mondamin), mit 1 EL Wasser verrührt

Vorbereitung

1 Tofu in etwa 24 Stücke schneiden. Die Mu-Err-Pilze etwa 20–25 Min. in Wasser einweichen, anschließend gründlich abspülen und eventuelle harte Enden entfernen.

2 Brokkoli und Bambussprossen in möglichst gleichgroße Stücke schneiden.

Zubereitung

1 Die Hälfte des Öls in einem Wok stark erhitzen, bis es raucht. Dabei den Wok mehrmals hin- und herschwenken, damit die Oberfläche gleichmäßig eingefettet wird. Tofu hinzufügen und unter Rühren von beiden Seiten fritieren, bis er goldbraun ist. Anschließend die Tofustücke mit einem Schaumlöffel herausnehmen und beiseite stellen.

2 Das restliche Öl erhitzen und den Brokkoli etwa 1/2 Min. unter Rühren darin garen; dann die Pilze, die Bambussprossen und den halbgegarten Tofu unterrühren und 1 weitere Min. braten. Salz, Zucker, Frühlingszwiebeln, Sojasauce und Reiswein dazugeben und gut durchrühren. Sobald der Sud zu kochen beginnt, wird er mit der aufgelösten Maisstärke angedickt. Sofort servieren.

GESCHMORTES UND GEDÄMPFTES

Diese in traditionellen chinesischen Menüs als Hauptgericht servierten Speisen benötigen eine längere Garzeit. Allerdings lassen sie sich problemlos im voraus zubereiten, so daß man nicht mehr in Hektik geraten muß, wenn die Gäste bereits vor der Tür stehen.
Einige dieser Gerichte können auch kalt gereicht werden und eignen sich hervorragend als Bestandteil eines Buffets. Darüber hinaus passen fast alle der nachfolgenden Gerichte gut zu Speisen der europäischen Küche und können sowohl als eigenständige Mahlzeit wie auch als einzelner Gang in einem ansonsten europäischen Menü serviert werden.

Chinakohl-Schmortopf (Rezept Seite 84)

CHINAKOHL-SCHMORTOPF

500 g Chinakohl
50 g fritierter Tofu oder 2 Packungen frischer Tofu
100 g Möhren
3 EL Öl
1 TL Salz
1 TL Zucker
2 EL helle Sojasauce
2 EL Reiswein oder trockener Sherry
1 TL Sesamöl

Vorbereitung

1 Den Chinakohl zerteilen, die Blätter waschen und in kleine Stücke schneiden. Wenn Sie frischen Tofu nehmen: Jede Packung in 12 Stücke schneiden und in etwas Öl fritieren, bis sie goldbraun sind.

2 Möhren waschen, schälen und in rautenförmige Stücke schneiden.

Zubereitung

1 Öl in einem Wok stark erhitzen und den Kohl zusammen mit Salz und Zucker etwa 1 Min. unter Rühren garen. Geben Sie den Inhalt des Woks nun in einen Schmortopf und bedekken den Kohl mit Tofu, Möhren, Sojasauce und Sherry. Den Topf mit einem Deckel schließen und das Ganze erhitzen; sobald das Gemüse kocht, die Temperatur reduzieren und etwa 15 Min. köcheln lassen.

2 Das Sesamöl unterrühren, gegebenenfalls etwas Wasser hinzufügen und noch ein paar Minuten schmoren lassen. Sofort servieren.

GESCHMORTER CHINA-BROKKOLI

500 g China-Brokkoli
3 EL Öl
1 TL Salz
1 TL Zucker
1 EL Sojasauce

Vorbereitung

Den Brokkoli putzen und in gesalzenem, kochendem Wasser blanchieren, bis er gar ist. Abgießen und abtropfen lassen.

Zubereitung

Öl in einem Wok oder einer Pfanne erhitzen, bis es raucht. Brokkoli zusammen mit Salz und Zucker etwa 2 Min. unter Rühren garen, herausnehmen und auf einer Servierplatte arrangieren. Die Sojasauce darübergießen und sofort servieren.

CHINAKOHL MIT TONGU-PILZEN

6–8 getrocknete Tongu-Pilze
450 g Chinakohlblätter
3 EL Öl
1 TL Salz
1 TL Zucker
1 EL Sojasauce
1 TL Sesamöl

Vorbereitung

Die Pilze in warmem Wasser etwa 20 Min. einweichen, ausdrücken und die Stiele entfernen. Das Einweichwasser der Pilze beiseite stellen. Die Pilze je nach Größe halbieren oder vierteln. Die Blätter des Chinakohls in Stücke vom Format großer Briefmarken schneiden.

Zubereitung

Öl in einem Wok oder großen Topf erhitzen, Chinakohl und Pilze hinzufügen und unter Rühren garen. Salz, Zucker und Sojasauce dazugeben und weitere 2 Min. schmoren. Etwas Pilzfond und das Sesamöl unterrühren.

GESCHMORTER ROSENKOHL

500 g Rosenkohl
4 EL Öl
2 TL Salz
1 TL Zucker
3 EL Wasser

Vorbereitung

Rosenkohl waschen, äußere Blätter und Stengelansatz entfernen. Die Röschen am Strunk kreuzweise einschneiden.

Zubereitung

Öl in einem Wok oder einer Pfanne erhitzen, bis es raucht. Dabei den Wok mehrmals hin- und herschwenken, bis die Oberfläche gleichmäßig eingefettet ist. Den Rosenkohl 2 Min. unter Rühren garen, bis auch alle Röschen gleichmäßig mit Öl bedeckt sind. Salz und Zucker unterrühren, Wasser dazugeben und etwa 1 Min. schmoren lassen. Mehrmals umrühren, gegebenenfalls weitere Flüssigkeit hinzufügen. Kleine Rosenkohlröschen sind nach etwa 2–3 Min. gar, während größere Röschen 1 Min. länger benötigen. Sofort servieren.

CHINAKOHL MIT REISSTROHPILZEN IN SAHNESAUCE

400 g Chinakohl

350 g Reisstrohpilze aus der Dose oder
250 g frische Reisstrohpilze

4 EL Öl

1½ TL Salz

1 TL Zucker

1 EL Maisstärke (Mondamin), mit 3 EL Wasser verrührt

125 ml Milch

Vorbereitung

1 Den Chinakohl zerteilen, die Blätter waschen und der Länge nach halbieren.

2 Pilze aus der Dose abtropfen lassen; frische Pilze nicht schälen, sondern nur waschen und die Enden entfernen.

Zubereitung

1 3 EL Öl in einem Wok stark erhitzen und den Chinakohl etwa 1 Min. unter Rühren garen. Salz und Zucker hinzufügen und 1 weitere Min. schmoren. Die Kohlblätter herausnehmen und auf einer Hälfte der Servierplatte arrangieren.

2 Das restliche Öl erhitzen, dann die Temperatur reduzieren, die Stärkepaste sowie die Milch dazugeben und solange rühren, bis die Sauce andickt. Etwa die Hälfte der Sauce in eine Kanne gießen und warm stellen.

3 Pilze in die restliche Sauce im Wok geben, bei hoher Temperatur durch und durch erhitzen, aus dem Wok nehmen und neben die Kohlblätter auf der Servierplatte legen. Die Sauce aus der Kanne gleichmäßig über das Gemüse gießen und sofort servieren.

GEDÄMPFTER BLUMENKOHL

1 mittelgroßer Blumenkohl
1 TL Salz
1 EL Reiswein oder trockener Sherry
1 EL Sesamöl
1 Würfel fermentierter Tofu

Vorbereitung

Achten Sie beim Kauf des Blumenkohls darauf, daß die äußeren Blätter von heller grüner Farbe und nicht verwelkt sind. An der leuchtenden Farbe erkennt man, ob der Blumenkohl noch frisch ist. Den Kohl unter fließendem kaltem Wasser waschen, das harte Ende und die dicksten Kohlblätter entfernen; dabei einige zarte Blätter stehen lassen, da sie dem Gericht zusätzliche Farbe und einen intensiveren Geschmack verleihen.

Zubereitung

1 Den Blumenkohl in eine ofenfeste Schüssel legen. Salz, Reiswein und Öl vermischen und gleichmäßig über den Blumenkohl gießen. Die Schüssel im Bambuskörbchen in den Wok stellen. Den Blumenkohl 10–15 Min. bei starker Hitze dämpfen.

2 Vor dem Servieren die Schüssel aus dem Bambuskörbchen nehmen. Den fermentierten Tofu mit etwas Sauce zerdrücken und über den Blumenkohl gießen. Der Blumenkohl sollte sich mit Eßstäbchen oder einem Löffel problemlos in Röschen teilen lassen. Sofort servieren.

EIERSTICH

5 Eier
4 EL heißes Wasser
1 TL Salz
2 TL Reiswein
1 EL Sojasauce
Spinatblätter, gehackt (nach Wunsch)

Vorbereitung

Eier in einer Schüssel verquirlen und mit Wasser, Salz und Reiswein mischen.

Zubereitung

Die Schüssel offen in einen halb mit kochendem Wasser gefüllten Topf stellen, den Topf schließen und 20 Min. bei schwacher Hitze dämpfen. Bei zu hoher Temperatur stocken die Eier nicht, oder es entstehen kleine Locher. Vor dem Dämpfen können Sie den Eierstich mit gehackten Spinatblättern garnieren. Die Sojasauce erst kurz vor dem Servieren dazugeben.

»ACHT GEMÜSE-KOSTBARKEITEN«

Das Originalrezept sieht achtzehn verschiedene Zutaten vor, die die achtzehn Buddhas repräsentieren. Später reduzierte man die Anzahl auf acht Zutaten – im allgemeinen vier frische und vier getrocknete Gemüsesorten.

15 g getrocknete Tofublätter
15 g getrocknete Lilienknospen
3–4 EL getrocknete Mu-Err-Pilze
10 g getrockneter Seetang
50 g Bambussprossen
50 g Indische Lotuswurzel
50 g Reisstrohpilze
50 g Ginkgopflaumen
4 EL Öl
1½ TL Salz
1 TL Zucker
1 EL helle Sojasauce
1 TL Maisstärke (Mondamin), mit 1 EL kaltem Wasser verrührt
2 TL Sesamöl

Vorbereitung

1 Das getrocknete Gemüse in verschiedenen Schüsseln über Nacht in kaltem oder mindestens 1 Stunde in warmem Wasser einweichen. Die Tofublätter in dünne Streifen schneiden.

2 Bambussprossen und Lotuswurzel in dünne Scheiben schneiden. Pilze und Ginkgopflaumen werden ganz verwendet.

Zubereitung

1 Etwa die Hälfte des Öls in einem Wok oder einer Pfanne erhitzen, bis es raucht. Das eingeweichte Gemüse mit etwas Salz etwa 1 Min. unter Rühren garen, dann herausnehmen und beiseite stellen.

2 Das restliche Öl erhitzen und das übrige Gemüse zusammen mit dem Salz etwa 1 Min. unter Rühren braten. Anschließend das bereits vorgegarte Gemüse, den Zucker sowie die Sojasauce unter ständigem Rühren hinzufügen und – sobald das Gemüse gar ist – mit der Stärkepaste die Sauce andicken. Kurz vor dem Servieren mit Sesamöl garnieren. Dieses Gericht schmeckt sowohl heiß als auch kalt.

GESCHMORTE BAMBUSSPROSSEN

500 g zarte Bambussprossen
3 EL Öl
2 EL Reiswein oder trockener Sherry
1 EL Zucker
2 EL helle Sojasauce
1 EL dunkle Sojasauce
2 TL Sesamöl

Vorbereitung

Bambussprossen sind der innere weiße Teil der Triebe des Bambusbaumes. Man bekommt sie in Wasser oder Salzlake eingelegt in Dosen zu kaufen. Dicke Sprossen sind im allgemeinen zarter als dünne. Wenn Sie zwischen mehreren Konservenmarken wählen können, finden Sie die beste heraus! Die Bambussprossen abtropfen lassen und der Länge nach in dünne Streifen schneiden.

Zubereitung

Öl in einem Wok oder einer Pfanne erhitzen und die Bambussprossen darin unter Rühren braten, bis alle gleichmäßig mit Öl bedeckt sind. Anschließend Reiswein, Zucker sowie beide Sojasaucen unter ständigem Rühren hinzufügen und 3–4 Min. schmoren, bis die Flüssigkeit verdampft ist. Das Sesamöl darübergießen und entweder heiß oder kalt servieren.

FRITIERTES KLEBEREIWEISS

Das in China »Mianjin« genannte Klebereiweiß (Gluten) wird in der chinesischen Küche auch als »Falsches Fleisch« oder »Falsches Huhn« bezeichnet. Man stellt es her, indem man einen Teig aus Mehl und Wasser in Wasser durchknetet, um möglichst viel Stärke herauszuwaschen. Das zurückbleibende Klebereiweiß ist porös wie ein Schwamm; in kleine Stücke geschnitten kann es wie Klöße dazu dienen, das Aroma aufzusaugen, oder einer dünnflüssigen Sauce eine dickere Konsistenz zu verleihen.

1 kg Mehl
1 EL Salz
500–550 ml warmes Wasser
Öl zum Fritieren
1 TL Salz
1 TL Zucker
1 EL helle Sojasauce
1/4 TL Glutamat (nach Wunsch)

Vorbereitung

1 Mehl in eine große Rührschüssel sieben, Salz und Wasser nach und nach hinzufügen und zu einem festen, aber glatten Teig verarbeiten. Den Teig mit einem feuchten Geschirrtuch abdecken und etwa 1 Stunde ruhen lassen.

2 Den Teig in ein großes Küchensieb geben und unter fließendem kaltem Wasser kräftig durchkneten, um möglichst viel Stärke herauszuwaschen. Wenn Sie so mindestens 10–15 Min. geknetet haben, bleiben etwa 300 g Klebereiweiß zurück. Anschließend versuchen Sie, möglichst viel Wasser herauszudrücken. Das Klebereiweiß in 35–40 kleine Stücke schneiden. Diese Stücke können nun entweder fritiert, gekocht, gedämpft oder gebacken werden.

Zubereitung

1 Öl in einem Wok oder einer Friteuse erhitzen und die Klebereiweißstücke nacheinander – jeweils 6–8 Stück – 3 Min. goldbraun fritieren. Herausnehmen und abtropfen lassen.

2 Das Öl im Wok bis auf 1 EL abgießen, die vorgegarten Klebereiweißstücke zusammen mit Salz, Zucker und Sojasauce (sowie gegebenenfalls Glutamat) in den Wok zurückgeben und unter Rühren garen. Eventuell etwas Wasser hinzufügen. Das Ganze 2 Min. schmoren lassen. Heiß oder kalt servieren.

KAO FU – GEDÄMPFTES KLEBEREIWEISS IN HOISINSAUCE

(siehe Rezept für Fritiertes Klebereiweiß auf Seite 95)

300 g Klebereiweiß, in kleine Stücke geschnitten
3 EL Öl
1 EL dunkle Sojasauce
1 EL Zucker
1 TL Fünf-Gewürze-Pulver
2 EL Reiswein oder trockener Sherry
1 EL Hoisinsauce
1 Scheibe Ingwer, geschält
2 TL Sesamöl

Vorbereitung

Die Klebereiweißstücke in einem Topf mit Wasser 4–5 Min. garen, bis sie an der Wasseroberfläche schwimmen; anschließend herausnehmen und gut abtropfen lassen.

Zubereitung

1 Öl in einem Wok oder einer Pfanne erhitzen, das gekochte Klebereiweiß unter Rühren ein paar Sekunden garen und dann Sojasauce, Zucker, Fünf-Gewürze-Pulver, Reiswein, Hoisinsauce, feingehackten Ingwer sowie 125 ml Wasser dazugeben. Das Ganze zum Kochen bringen und bei starker Hitze 20–25 Min. schmoren, bis sich nur noch wenig Flüssigkeit im Wok befindet. Dabei gelegentlich umrühren, damit alle Klebereiweißstücke gleichmäßig mit Sauce bedeckt sind.

2 Das Sesamöl hinzufügen, gut durchrühren und heiß oder kalt servieren.

GEMÜSE-SCHMORTOPF

2 EL getrocknete Mu-Err-Pilze
1 Packung Tofu
100 g Bohnen (am besten Prinzeßböhnchen) oder Kaiserschoten
100 g Kohl oder Brokkoli
100 g Maiskölbchen oder Bambussprossen
100 g Möhren
3–4 EL Öl
1 TL Salz
1 TL Zucker
1 EL helle Sojasauce
1 TL Maisstärke (Mondamin), mit 1 EL kaltem Wasser verrührt

Vorbereitung

1 Die Pilze in Wasser etwa 20–25 Min. einweichen, sorgfältig abspülen und eventuelle harte Enden entfernen.

2 Den Tofu in etwa 12 kleine Stücke schneiden, in einem Topf mit leicht gesalzenem, kochendem Wasser 2–3 Min. garen, herausnehmen und abtropfen lassen.

3 Bohnen oder Kaiserschoten putzen; große Schoten gegebenenfalls halbieren.

4 Sämtliches Gemüse kleinschneiden.

Zubereitung

1 Etwa die Hälfte des Öls in einer Kasserolle oder einem Topf erhitzen, den Tofu von beiden Seiten darin bräunen, mit einem Schaumlöffel herausnehmen und beiseite stellen.

2 Das restliche Öl erhitzen und das Gemüse etwa 2 Min. unter Rühren garen. Anschließend die Tofustücke sowie Salz, Zucker und Sojasauce dazugeben und gut unterrühren. Den Topf zudecken, die Temperatur reduzieren und das Ganze 2–3 Min. köcheln lassen.

3 Stärkepaste über das Gemüse gießen und gut verrühren. Die Temperatur soweit erhöhen, bis die Sauce andickt und sofort servieren.

TOFU FU YUNG

In den meisten chinesischen Restaurants versteht man unter »Fu Yung« ein Omelette. Aber genaugenommen bezeichnet dieser Begriff ein cremiges Rührei aus Eiweiß.

1 Packung Tofu
4 Eiweiß
1 Salatherz (Römischer Salat oder Kopfsalat)
50 g junge Erbsen
1 Frühlingszwiebel, feingehackt
1/2 TL Ingwer, feingehackt
1 TL Salz
1 EL Maisstärke (Mondamin), mit 2 EL Wasser verrührt
50 ml Milch
Öl zum Fritieren
1 TL Sesamöl

Vorbereitung

1 Tofu in Streifen schneiden und in kochendem Salzwasser garen, bis er fest wird; herausnehmen und abtropfen lassen.

2 Das Eiweiß leicht schlagen und die Stärkepaste sowie die Milch hinzufügen.

3 Salatherz zerteilen und die Blätter waschen. Tiefkühlerbsen vollständig auftauen lassen.

4 Den gekochten Tofu in die Eimischung geben und verrühren, bis alle Stücke gleichmäßig bedeckt sind.

Zubereitung

1 Öl in einem Wok oder einer Friteuse sehr stark erhitzen, die Temperatur reduzieren und das Öl einen Moment abkühlen lassen. Anschließend die panierten Tofustücke darin etwa 1–2 Min. fritieren, mit einem Schaumlöffel herausnehmen und abtropfen lassen.

2 Das Öl im Wok bis auf 1 EL abgießen, Temperatur erhöhen und die Salatblätter zusammen mit einer Prise Salz unter Rühren braten. Ebenfalls herausnehmen, auf einer Servierplatte verteilen und beiseite stellen.

3 Anschließend 1 weiteren EL Öl im Wok erhitzen, zuerst feingehackte Frühlingszwiebeln und Ingwer hinzufügen, dann Erbsen, Salz und etwas Wasser dazugeben. Sobald das Ganze zu kochen beginnt, die Tofustreifen gut unterrühren, das Sesamöl hinzufügen und auf den Salatblättern anrichten.

壽
萬
無
疆

SZETSCHUAN-TOFU

- 2 EL getrocknete Mu-Err-Pilze oder getrocknete Tongu-Pilze
- 3 Packungen Tofu
- 1 Stange Lauch oder 2–3 Frühlingszwiebeln
- 3 EL Öl
- 1 TL gesalzene schwarze Bohnen
- 1 EL Chilibohnenpaste
- 2 EL Reiswein oder trockener Sherry
- 1 EL helle Sojasauce
- 1 TL Maisstärke (Mondamin), mit 1 EL kaltem Wasser verrührt
- Szetschuan-Pfeffer, frisch gemahlen, zum Garnieren

Vorbereitung

1 Die Mu-Err-Pilze in Wasser etwa 20–25 Min. einweichen, abspülen, eventuelle harte Enden entfernen und abtropfen lassen. Tongu-Pilze mindestens 30–35 Min. in heißem oder warmem Wasser einweichen, anschließend ausdrücken, die harten Stiele entfernen und die Pilze in dünne Scheiben schneiden. Das Einweichwasser der Pilze aufheben.

2 Tofu in 1 cm dicke Würfel schneiden und in einem Topf mit kochendem Wasser etwa 2–3 Min. blanchieren; anschließend herausnehmen und abtropfen lassen.

3 Lauch oder Frühlingszwiebeln in kurze Stücke schneiden.

Zubereitung

Öl in einem Wok oder einer Pfanne stark erhitzen, bis es raucht. Lauch bzw. Frühlingszwiebeln sowie alle Pilze darin etwa 1 Min. unter Rühren garen. Die gesalzenen schwarzen Bohnen hinzufügen, mit einer Schöpfkelle oder einem Küchenspatel zerdrücken und gut durchrühren. Anschließend Tofu, Chilibohnenpaste, Reiswein (oder Sherry) sowie Sojasauce dazugeben und sorgfältig unterrühren. Etwas Wasser hinzufügen und 3–4 Min. schmoren. Zum Schluß die Sauce mit der aufgelösten Maisstärke andicken. Mit frisch gemahlenem Szetschuan-Pfeffer garnieren und sofort servieren.

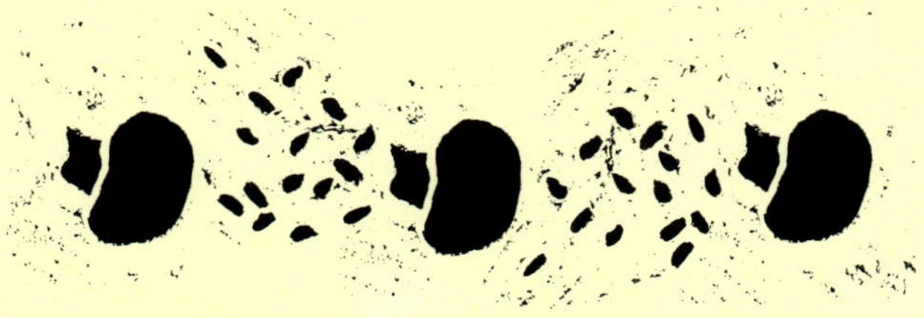

GESCHMORTE AUBERGINEN

300 g Auberginen
600 ml Öl zum Fritieren
2 EL Sojasauce
1 EL Zucker
2 EL Wasser
1 TL Sesamöl

Vorbereitung

Verwenden Sie am besten längliche, purpurne Auberginen statt der großen, runden Sorten. Den Blattkranz entfernen und die Auberginen in rautenförmige Stücke schneiden.

Zubereitung

1 Öl in einem Wok oder einer Pfanne erhitzen, die Auberginen portionsweise goldbraun fritieren, mit einem Schaumlöffel herausnehmen und abtropfen lassen.

2 Das Öl im Wok bis auf 1 EL abgießen, die Auberginen mit Sojasauce, Zucker und Wasser in den Wok geben. Das Ganze bei starker Hitze etwa 2 Min. garen, eventuell noch etwas Wasser dazugeben; dabei gelegentlich umrühren. Sobald die Flüssigkeit fast vollständig verdampft ist, das Sesamöl hinzufügen, gut durchrühren und sofort servieren.

»DREI WEISSE KÖSTLICHKEITEN« IN SAHNESAUCE

300 g Chinakohlherzen
300 g Spargelspitzen aus der Dose
1–2 Stangen Staudensellerie (nur den weißen Teil)
1 EL Öl
1 Frühlingszwiebel, in kurze Streifchen geschnitten
2–3 Scheiben Ingwer, geschält
1½ TL Salz
1 TL Zucker
125 ml Milch
1 EL Maisstärke (Mondamin), mit 2 EL Wasser verrührt

Zubereitung

1 Die Chinakohlherzen längs in Streifen schneiden und in kochendem Wasser blanchieren, bis sie gar sind. Abgetropft in der Mitte einer ovalen Servierplatte arrangieren.

2 Spargel abtropfen lassen und links neben den Kohl legen.

3 Selleriestangen längs in Streifen schneiden, in kochendem Wasser blanchieren, bis sie gar sind, und rechts neben die Chinakohlherzen legen.

4 Öl schwach erhitzen, Frühlingszwiebeln und Ingwer zum Aromatisieren des Öls hinzufügen und sofort herausnehmen, wenn sie braun werden. Anschließend Milch, Salz sowie Zucker dazugeben und zum Kochen bringen. Die aufgelöste Stärke unterrühren, so daß eine sämige, glatte Sauce entsteht und diese gleichmäßig über das Gemüse gießen. Heiß oder kalt servieren.

SAN SHIAN – »DREI KÖSTLICHKEITEN«

Die chinesische Küche ist dafür bekannt, daß sie mehrere Zutaten zu einem harmonischen Gleichgewicht aus Farben, Strukturen und Aromen kombiniert und dem so entstandenen Gericht einen poetischen Namen verleiht – wie etwa »Vier Kostbarkeiten«, »Zwei Winter« oder »Drei Köstlichkeiten«. Darüber hinaus gelten bestimmte Zahlen – insbesondere Zwei, Drei, Vier, Fünf und Acht – als Glückszahlen.

250 g dicke Bambussprossen
100 g Austern- oder Reisstrohpilze
275 g gebratenes Klebereiweiß oder fritierter Tofu
4 EL Öl
1½ TL Salz
1 TL Zucker
1 EL helle Sojasauce
1 TL Sesamöl
frischer Koriander zum Garnieren (nach Wunsch)

Vorbereitung

1 Bambussprossen in dünne Scheiben schneiden. Große Austernpilze halbieren oder sogar vierteln; andere Pilze ganz verwenden.

2 Bereiten Sie Klebereiweiß nach Rezept (Seite 95) zu.

Zubereitung

1 Öl in einem Wok oder einer Pfanne stark erhitzen, bis es raucht. Dabei den Wok mehrmals hin- und herschwenken, bis die Oberfläche gleichmäßig eingefettet wird. Anschließend Bambussprossen und Pilze etwa 1 Min. unter Rühren garen, Klebereiweiß (oder Tofu) zusammen mit Salz, Zucker und Sojasauce hinzufügen und weitere 1–2 Min. schmoren; eventuell etwas Wasser dazugeben. Zum Schluß das Sesamöl darübergießen, gut durchrühren und sofort servieren.

2 Dieses Gericht kann auch kalt serviert werden. In diesem Fall sollten Sie die drei Hauptzutaten in drei Reihen nebeneinander arrangieren und mit frischem Koriander garnieren.

»DREI KOSTBARE JUWELEN«

2 Packungen Tofu
250 g Brokkoli oder Kaiserschoten
250 g Möhren
4 EL Öl
1 TL Salz
1 TL Zucker
1 EL helle Sojasauce
1 EL Reiswein oder trockener Sherry

Vorbereitung

1 Tofu in kleine Stücke schneiden.

2 Brokkoli in Röschen teilen, die Stiele schälen und diagonal in kleine Stücke schneiden.

3 Möhren schälen und diagonal in kleine Stücke schneiden.

Zubereitung

1 Etwa die Hälfte des Öls in einem Wok oder einer Pfanne stark erhitzen, Tofustücke darin von beiden Seiten goldbraun braten, herausnehmen und beiseite stellen.

2 Das restliche Öl sehr stark erhitzen, Brokkoli und Möhren etwa 2 Min. unter Rühren garen. Tofu, Salz, Zucker, Reiswein und Sojasauce unterrühren; eventuell etwas Wasser hinzufügen. Wenn das Gemüse noch sehr viel Biß haben soll, schmort das Ganze 2–3 Min.; anderenfalls weitere 1–2 Min. garen lassen. Dieses Gericht schmeckt heiß am besten.

VEGETARISCHER »LÖWENKOPF«-SCHMORTOPF

Als »Löwenkopf« bezeichnet man in der chinesischen Küche Schweinefleischbällchen mit Kohl. Bei diesem Gericht bestehen die »Fleischbällchen« jedoch vollständig aus Gemüse.

- 4 Packungen Tofu
- 100 g fritiertes Klebereiweiß
- 50 g gekochte Möhren
- 4–5 getrocknete Tongu-Pilze, eingeweicht
- 50 g Bambussprossen
- 6 Kohl- oder Salatherzen
- 5 große Kohlblätter
- 1 TL Ingwer, feingehackt
- 2 EL Reiswein oder trockener Sherry
- 1 EL Salz
- 1 TL Zucker
- 1 TL weißer Pfeffer (gemahlen)
- 2 TL Sesamöl
- 1 EL Maisstärke (Mondamin)
- 2–3 EL Reismehl oder Paniermehl
- Öl zum Fritieren
- Mehl zum Bestäuben

Vorbereitung

1 Aus dem Tofu mit Hilfe eines Käseleinens möglichst viel Flüssigkeit herauspressen und anschließend zerdrücken.

2 Klebereiweiß, Möhren, Pilze und Bambussprossen feinhacken und zusammen mit dem zerdrückten Tofu in eine große Rührschüssel geben. 1 TL Salz, feingehackten Ingwer, Reismehl, Maisstärke sowie Sesamöl hinzufügen und zu einer glatten Mischung verrühren. Aus dieser Masse etwa 10 »Löwenköpfchen« formen und auf einen leicht mit Mehl bestäubten Teller legen.

3 Eventuell vorhandene harte Enden der Kohl- oder Salatherzen entfernen.

Zubereitung

1 Öl in einem Wok oder einer Friteuse erhitzen, die »Löwenköpfchen« etwa 3 Min. fritieren; dabei vorsichtig bewegen, damit sie nicht aneinander festbacken. Die »Löwenköpfchen« mit einem Schaumlöffel oder Pfannenwender herausnehmen und abtropfen lassen.

2 Das Öl im Wok bis auf 2 EL abgießen, die Kohlherzen mit etwas Salz und Zucker unter Rühren garen, etwa 600 ml Wasser dazugeben und das Ganze zum Kochen bringen. Anschließend die Temperatur reduzieren und köcheln lassen.

3 In der Zwischenzeit den Boden einer Kasserolle mit den Kohlblättern auslegen und die »Löwenköpfchen« daraufgeben. Die Kohlherzen zusammen mit der Suppe in die Kasserolle gießen und das restliche Salz sowie den gemahlenen Pfeffer und den Reiswein hinzufügen. Das Ganze zugedeckt zum Kochen bringen, die Temperatur reduzieren und 10 Min. köcheln lassen.

4 Vor dem Servieren den Deckel entfernen und die Kohlherzen so arrangieren, daß sie zwischen den »Löwenköpfchen« liegen und ein sternförmiges Muster ergeben.

SHANGHAI-GEMÜSESCHMORTOPF

Aus unerfindlichen Gründen findet man die besten vegetarischen Restaurants Chinas in Shanghai – einer blühenden Handelsmetropole und Hafenstadt mit einst berühmt-berüchtigtem Ruf. Viele der typischen Shanghai-Gerichte sind für den unerfahrenen Koch einfach zu schwierig, aber ich habe ein bekanntes Rezept so abgewandelt, daß es wirklich leicht nachzukochen ist und zugleich köstlich schmeckt.

6–8 getrocknete Tongu-Pilze
2 Packungen frischer Tofu oder 50 g fritierter Tofu
175 g Brokkoli
175 g Bambussprossen oder Möhren
4–5 EL Öl
1½ TL Salz
1 TL Zucker
1 EL helle Sojasauce
2 EL Reiswein oder trockener Sherry
1 TL Maisstärke (Mondamin), mit 1 EL kaltem Wasser verrührt
1 TL Sesamöl

Vorbereitung

1 Die getrockneten Pilze etwa 30 Min. in warmem Wasser einweichen, ausdrücken, die harten Stiele entfernen und die Pilze in dünne Scheiben schneiden. Pilzfond aufheben.

2 Tofu jeweils in 12 Stücke schneiden, goldbraun fritieren und beiseite stellen.

3 Brokkoli und Bambussprossen (oder Möhren) in rautenförmige Stücke schneiden.

Zubereitung

1 Öl in einer ofenfesten Kasserolle oder einem Topf erhitzen, Brokkoli und Bambussprossen (oder Möhren) darin 2 Min. unter Rühren garen. Pilze, Tofu, Salz, Zucker, Sojasauce, Reiswein und Pilzfond unterrühren und zum Kochen bringen. Das Ganze zugedeckt bei schwacher Hitze 10–15 Min. köcheln lassen.

2 Die Temperatur stark erhöhen und mit der Stärkepaste die Sauce andicken. Den Schmortopf offen weitere 1–2 Min. kochen lassen, Sesamöl hinzufügen und sofort servieren.

GESCHMORTE GRÜNKOHLHERZEN

Am besten nehmen Sie die Herzen von frischen Grünkohlköpfen, deren Außenblätter bereits für das Rezept »Knuspriger ›Seetang‹« (Seite 36) verwendet wurden. Oder wählen Sie ganz besonders kleine Grünkohlköpfe.

400–450 g Grünkohlherzen
3–4 EL Öl
1 TL Salz
1 TL Zucker
1 EL helle Sojasauce

Vorbereitung

Die einzige Vorbereitung besteht darin, eventuelle harte Enden oder Blätter zu entfernen.

Zubereitung

1 Die Grünkohlherzen etwa 1 Min. in einem Topf mit kochendem Wasser ziehen lassen, dann unter fließendem Wasser abschrecken, damit sie ihre leuchtende grüne Farbe behalten.

2 Öl in einem Wok oder einer Pfanne stark erhitzen, die Grünkohlherzen mit Salz und Zucker darin 1–2 Min. unter Rühren garen. Sojasauce sowie etwas Wasser dazugeben und höchstens 1 weitere Min. schmoren. Heiß servieren.

GRÜNE BOHNEN IN KNOBLAUCHSAUCE

400 g grüne Bohnen
1 große oder 2 kleine Knoblauchzehen
3 EL Öl
1 TL Salz
1 TL Zucker
1 EL helle Sojasauce

Vorbereitung

1 Die Bohnen putzen; große Schoten halbieren, junge oder zarte Bohnen ganz verwenden.

2 Den Knoblauch zerdrücken und feinhacken.

Zubereitung

1 Bohnen in einem Topf mit leicht gesalzenem, kochendem Wasser blanchieren, abtropfen lassen und unter kaltem Wasser abschrecken, um die leuchtend grüne Farbe zu bewahren.

2 Öl in einem Wok oder einer Pfanne stark erhitzen, bis es raucht. Knoblauch zum Aromatisieren des Öls hinzufügen. Kurz bevor der Knoblauch dunkelbraun wird, die Bohnen hinzufügen und etwa 1 Min. unter Rühren garen. Salz, Zucker sowie Sojasauce dazugeben und höchstens 1 weitere Min. garen. Heiß oder kalt servieren.

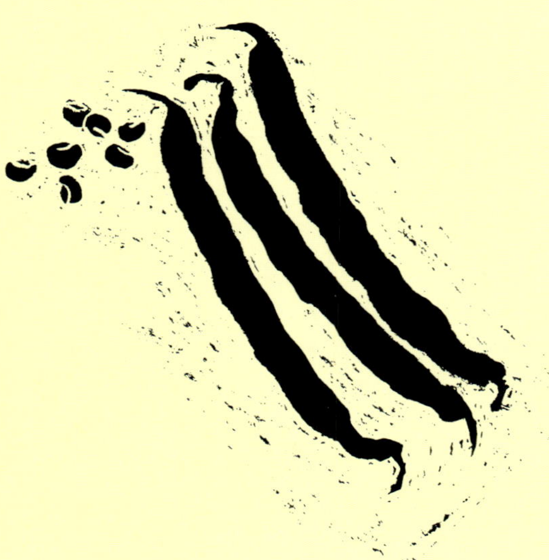

REIS, NUDELN UND SÜSSES

Reis und Nudeln zählen zu den wichtigsten Beilagen der chinesischen Küche; aber die meisten der folgenden Gerichte können auch ohne weitere Zutaten als leichte Mahlzeit oder als Snack serviert werden. Zu einem Geburtstagsfest reicht man in China traditionell ein Nudelgericht, wobei die langen Nudeln ein langes Leben symbolisieren. Schmackhafte Frühlingsrollen dienen sowohl als Vorspeise wie auch als Bestandteil eines Buffets. Ein chinesisches Menü wird im allgemeinen nicht mit einem Dessert abgeschlossen, aber um den europäischen Gepflogenheiten entgegenzukommen, habe ich für diejenigen, die ihre Mahlzeit gerne mit etwas Süßem beenden, drei Dessertrezepte aufgenommen.

Mandelspeise (Rezept Seite 126)

GEKOCHTER REIS

Die besten Kochergebnisse erzielen Sie mit Patnareis. Falls der Reis aber weicher und klebriger sein soll, können Sie auch eine Mischung aus Langkorn- und Rundkornreis nehmen und etwa ein Viertel weniger Kochwasser verwenden (also statt 550 ml nur 400 ml Wasser).

250 g Langkornreis
550 ml Wasser

Vorbereitung

Den Reis unter fließendem kalten Wasser gründlich abspülen.

Zubereitung

Das Wasser in einem Topf bei starker Hitze zum Kochen bringen, den Reis hinzufügen und erneut aufkochen lassen. Dabei den Reis gelegentlich umrühren, damit er nicht ankocht. Den Topf mit einem Deckel verschließen, die Temperatur reduzieren und den Reis bei schwacher Hitze 15–20 Min. garen.

Tip: Am besten servieren Sie den Reis nicht sofort, sondern lockern ihn mit einer Gabel auf und lassen ihn im zugedeckten Topf noch 10 Min. ruhen.

GEBRATENER REIS MIT EIERN

Gekochter Reis vom Vortag kann zusammen mit Eiern gebraten werden. Mit feingehackten Frühlingszwiebeln und jungen Erbsen ergibt das eine appetitliche und schmackhafte Beilage.

3 Eier
2 Frühlingszwiebeln, feingehackt
1 TL Salz
4 EL Öl
100 g junge Erbsen
600 g gekochter Reis
1 EL helle Sojasauce (nach Wunsch)

Vorbereitung

Die Eier zusammen mit der Hälfte der feingehackten Frühlingszwiebeln und einer Prise Salz verquirlen.

Zubereitung

1 Etwa die Hälfte des Öls in einem Wok stark erhitzen, die Eimischung hineingeben und mit einem Holzlöffel leicht verrühren, bis die Eier stocken. Die Rühreier herausnehmen.

2 Das restliche Öl erhitzen, zuerst die zweite Hälfte der Frühlingszwiebeln und anschließend die jungen Erbsen 1/2 Min. unter Rühren garen. Den gekochten Reis dazugeben und mit einem Löffel kräftig auflockern. Salz, Sojasauce und Rühreier hinzufügen, dabei die Eier durch Rühren in kleine Stücke teilen. Sobald alles gleichmäßig vermischt ist, sofort servieren.

GEBRATENER REIS MIT GEMÜSE

Dieses Gericht ist etwas gehaltvoller als der gebratene Reis mit Eiern und bildet für sich genommen fast schon eine vollständige Mahlzeit.

- 4–6 getrocknete Tongu-Pilze
- 1 grüne Paprikaschote, entkernt
- 1 rote Paprikaschote, entkernt
- 100 g Bambussprossen
- 2 Eier
- 2 Frühlingszwiebeln, feingehackt
- 2 TL Salz
- 4–5 EL Öl
- 900 g gekochter Reis
- 1 EL helle Sojasauce (nach Wunsch)

Vorbereitung

1 Die getrockneten Pilze etwa 25–30 Min. in warmem Wasser einweichen, anschließend ausdrücken, die harten Stiele entfernen und die Pilze in kleine Würfel schneiden.

2 Grüne und rote Paprikaschoten sowie Bambussprossen in kleine Würfel schneiden.

3 Die Eier zusammen mit der Hälfte der feingehackten Frühlingszwiebeln und einer Prise Salz verquirlen.

Zubereitung

1 2 El Öl in einem Wok erhitzen, die Eimischung darin unter Rühren stocken lassen. Die Rühreier herausnehmen.

2 Das restliche Öl erhitzen, zuerst die Frühlingszwiebeln, dann das übrige Gemüse unter Rühren garen, bis alle Zutaten mit Öl bedeckt sind. Den gekochten Reis sowie Salz dazugeben und kräftig auflockern. Zum Schluß Sojasauce und Rühreier hinzufügen, gut durchrühren und servieren.

CHOW MEIN – GEBRATENE NUDELN

Neben **Chop-suey** zählt **Chow Mein** (was in der chinesischen Sprache »gebratene Nudeln« bedeutet) zu den beliebtesten chinesischen Gerichten. Am besten verwenden Sie in asiatischen oder italienischen Lebensmittelgeschäften erhältliche frische Teigwaren, die erheblich schmackhafter sind als herkömmliche getrocknete Nudeln. Pro Person benötigen Sie mindestens 50 g getrocknete Nudeln bzw. die doppelte Menge an frischen Teigwaren.

25 g getrocknete Tofublätter
25 g getrocknete Lilienknospen
50 g Bambussprossen
100 g Spinat oder anderes Blattgemüse
250 g getrocknete Eiernudeln
2 Frühlingszwiebeln, in dünne Streifen geschnitten
3–4 EL Öl
1 TL Salz
2 EL helle Sojasauce
2 TL Sesamöl

Vorbereitung

1 Das getrocknete Gemüse über Nacht in kaltem Wasser oder mindestens 1 Stunde in heißem Wasser einweichen. Die Tofublätter und Lilienknospen in dünne Streifen schneiden.

2 Bambussprossen in dünne Stifte und die Spinatblätter in dünne Streifen schneiden.

Zubereitung

1 Die Nudeln entsprechend der Packungsanleitung in einem Topf mit kochendem Wasser garen. Je nach Dicke der Nudeln dauert das etwa 5 Min.; frische Nudeln benötigen nur die Hälfte der Garzeit.

2 Etwa die Hälfte des Öls in einem Wok oder einer Pfanne stark erhitzen, bis es raucht. In der Zwischenzeit die Nudeln in einem Sieb abtropfen lassen und dann zusammen mit der Hälfte der Frühlingszwiebeln sowie 1 EL Sojasauce im Wok unter Rühren braten. Die Nudeln dürfen jedoch nicht zu lange garen, da sie sonst matschig werden. Anschließend herausnehmen und auf eine Servierplatte legen.

3 Das restliche Öl im Wok erhitzen, die übrigen Frühlingszwiebeln unterrühren und das gesamte Gemüse etwa 1/2 Min. unter Rühren garen. Salz, restliche Sojasauce und gegebenenfalls etwas Wasser dazugeben. Sobald die Sauce zu kochen beginnt, das Sesamöl hinzufügen und gut durchrühren. Das Ganze als Nudelsauce über die gebratenen Nudeln gießen.

Tip: Natürlich lassen sich alle Bestandteile der Nudelsauce durch andere Zutaten ersetzen. Sie können zum Beispiel statt der getrockneten Tofublätter getrocknete oder frische Tongu-Pilze verwenden und statt der getrockneten Lilienknospen frische Sojabohnensprossen oder in Stifte geschnittenen Staudensellerie, Möhren, grüne Paprikaschoten, Salatgurken, Kohl, Salat oder Zwiebeln. Achten Sie dabei nur auf einen interessanten Kontrast zwischen Farben und Strukturen.

VEGETARISCHE NUDELSUPPE

Zur Auswahl und Zubereitung von Nudeln siehe Rezept »Chow Mein – Gebratene Nudeln« (Seite 119).

250 g Wasserkastanien
100 g Reisstrohpilze
100 g Ginkgopflaumen
3 EL Öl
1 TL Salz
1 TL Zucker
1 EL helle Sojasauce
1 TL Sesamöl
250 g Eiernudeln oder Glasnudeln

Vorbereitung

Die einzige Vorbereitung besteht darin, die Zutaten aus der Dose abtropfen zu lassen und die Wasserkastanien in dünne Scheiben zu schneiden. Die Reisstrohpilze und Ginkgopflaumen werden ganz verwendet.

Zubereitung

1 Öl in einem Wok oder einer Pfanne stark erhitzen, bis es zu rauchen beginnt. Das Gemüse darin einige Sekunden unter Rühren garen. Salz, Zucker und Sojasauce unterrühren; sobald die Sauce kocht, die Temperatur reduzieren und das Ganze bei schwacher Hitze köcheln lassen.

2 Die Nudeln kochen (siehe Rezept auf Seite 119), abtropfen lassen und in eine große Servierschüssel geben. Etwas Kochwasser der Nudeln in die Schüssel gießen, bis die Nudeln gerade zur Hälfte bedeckt sind. Anschließend schnell den Inhalt des Woks darübergießen, mit Sesamöl garnieren und sofort servieren.

Tip: Sie können die Suppe ganz nach Wunsch abschmecken, beispielsweise mit frisch gemahlenem Pfeffer oder Chilisauce; das gibt dem Gericht noch mehr Pfiff.

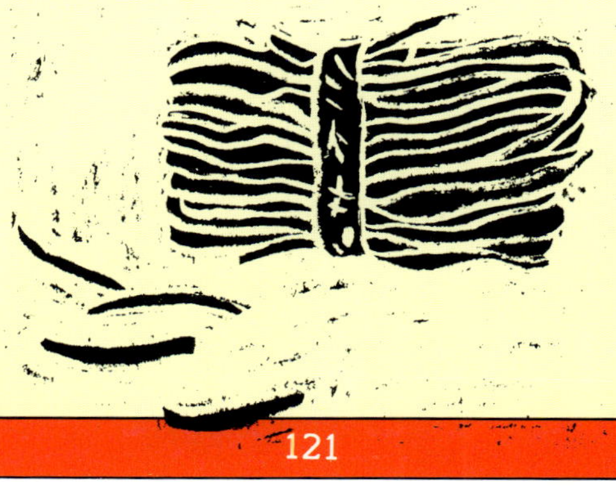

VEGETARISCHE FRÜHLINGSROLLEN

1 Packung Frühlingsrollenblätter (etwa 20 Stück) oder Blätterteig
250 g frische Sojabohnensprossen
250 g junger zarter Lauch oder Frühlingszwiebeln
100 g Möhren
100 g Champignons
Öl zum Fritieren
$1^1/_2$ TL Salz
1 TL Zucker
1 EL helle Sojasauce

Vorbereitung

1 Die Frühlingsrollenblätter aus der Packung nehmen und unter einem feuchten Tuch vollständig auftauen lassen.

2 Sojabohnensprossen in kaltem Wasser waschen, alle an der Wasseroberfläche treibenden Fremdkörper entfernen und die Sprossen abtropfen lassen.

3 Lauch (oder Frühlingszwiebeln), Möhren und Champignons in dünne Streifen schneiden.

Zubereitung der Füllung

Etwa 3–4 EL Öl in einem Wok oder einer Pfanne erhitzen und das Gemüse einige Sekunden unter Rühren garen. Salz, Zucker und Sojasauce hinzufügen und weitere 2 Min. rühren. Die Füllung aus dem Wok nehmen und etwas abkühlen lassen.

Zubereitung der Frühlingsrollen

Etwa 1,5 l Öl in einem Wok oder einer Friteuse erhitzen, bis es raucht. Temperatur reduzieren bzw. den Herd abstellen, damit das Öl ein paar Min. abkühlen kann. Anschließend die Frühlingsrollen – immer 6–8 Stück auf einmal – etwa 3–4 Min. darin fritieren, bis sie goldbraun und knusprig sind. Vor dem Fritieren der jeweils nächsten Portion die Temperatur des Öls wieder erhöhen. Die fritierten Frühlingsrollen herausnehmen und auf Küchenpapier abtropfen lassen. Zusammen mit einer pikanten Sauce wie Sojasauce, Essig, Chilisauce oder Senf sofort servieren.

Tip: Diese Frühlingsrollen eignen sich hervorragend als Bestandteil eines Buffets oder als kleiner Snack.

VEGETARISCHE FRÜHLINGSROLLEN

Links: Alle Teigblätter diagonal durchschneiden.

Rechts: Jeweils 2 TL Füllung im unteren Drittel der Blätter plazieren, wobei die Spitze des Dreiecks von Ihnen fortzeigen sollte.

Links, rechts: Den unteren Rand des Frühlingsrollenblatts über die Füllung heben und einmal umschlagen.

Links, rechts: Die beiden Seiten des Frühlingsrollenblatts zur Mitte hin einklappen und ein weiteres Mal umschlagen.

Links, rechts: Den oberen Rand mit einer Paste aus etwas Mehl und Wasser bestreichen und zu einem ordentlichen Päckchen umschlagen. Auf diese Weise weitere Frühlingsrollen anfertigen, bis die Füllung verarbeitet ist. Die Frühlingsrollen können einige Tage im Kühlschrank aufbewahrt oder bis zu drei Monaten eingefroren werden.

PFANNKUCHEN MIT ROTE-BOHNEN-PASTE

250 g Mehl

125 ml kochendes Wasser

1 Ei, geschlagen

3 EL Öl

4–5 EL süße Rote-Bohnen-Paste oder Maronenpüree

Vorbereitung

1 Mehl in eine Rührschüssel sieben und das kochende Wasser nach und nach dazugießen, anschließend etwa 1 TL Öl und das geschlagene Ei hinzufügen.

2 Die Mischung zu einem festen Teig kneten und in 2 gleichgroße Teigbälle teilen. Jeden Teigball auf einer leicht bemehlten Arbeitsfläche zu einer »Wurst« rollen und diese in jeweils 4–6 Stücke schneiden. Jedes Teigstück mit den Händen zu einem flachen Pfannkuchen verarbeiten.

3 Jeden Pfannkuchen auf einer bemehlten Arbeitsfläche mit einem Nudelholz zu einem 15 cm großen Kreis ausrollen.

Zubereitung

1 Eine nicht gefettete Pfanne stark erhitzen, dann die Temperatur reduzieren und die Pfannkuchen nacheinander in der Pfanne backen. Sobald sich auf der Unterseite kleine braune Flecken zeigen, den Pfannkuchen wenden. Die schon fertigen Pfannkuchen unter einem feuchten Tuch warmhalten.

2 Die Pfannkuchen mit jeweils 2 EL Rote-Bohnen-Paste oder Maronenpüree bestreichen (dabei einen kleinen Rand lassen) und aufrollen.

3 Öl in einer Pfanne erhitzen und die Pfannkuchen darin goldbraun braten; dabei einmal wenden.

4 In 4 Stücke geschnitten heiß oder kalt servieren.

PFANNKUCHEN MIT ROTE-BOHNEN-PASTE

GLASIERTE BANANEN

- 4 Bananen, geschält
- 1 Ei
- 2 EL Mehl
- Öl zum Fritieren
- 4 EL Zucker
- 1 EL kaltes Wasser

Vorbereitung

1 Die Bananen der Länge nach halbieren und jede Hälfte einmal quer durchschneiden.

2 Das Ei verquirlen, Mehl hinzufügen und zu einem glatten Teig verrühren.

Zubereitung

1 Öl in einem Wok oder einer Friteuse erhitzen; jedes Bananenstück in den Teig tauchen und goldbraun fritieren. Anschließend herausnehmen und abtropfen lassen.

2 Das Öl im Wok bis auf 1 EL abgießen, Zucker und Wasser hinzufügen und bei mittlerer Hitze gut durchrühren, bis sich der Zucker auflöst und dann karamelisiert. Dann sofort die heißen Bananenstücke unterrühren, bis sie gleichmäßig mit Zuckerglasur bedeckt sind. Die Bananenstücke aus dem Wok nehmen, in kaltes Wasser tauchen, um die Karamelschicht zu härten. Sofort servieren.

Glasierte Bananen *(rechte Seite)*

MANDELSPEISE

Dieses Dessert kann mit Agar-Agar oder Gelatine zubereitet werden und ergibt – gut gekühlt und mit frischen Früchten oder Obst aus der Dose – eine erfrischende Nachspeise.

- 10 g Agar-Agar oder 25 g Gelatinepulver
- 4 EL Zucker
- 150 ml Kondensmilch
- 600 ml Wasser
- 1 TL Mandelaroma
- 1 Glas Kirschen oder 1 Dose Fruchtsalat, zum Garnieren

Zubereitung

Agar-Agar mit Wasser und Zucker mit Wasser getrennt in zwei Töpfen bei schwacher Hitze auflösen. (Gelatine nach Pakkungsanweisung auflösen.) Mit Milch und Mandelaroma zusammen alles in eine große Servierschüssel gießen. Die Mandelspeise mindestens 30 Min. abkühlen und etwa 2–3 Stunden im Kühlschrank gelieren lassen. Vor dem Servieren die Mandelspeise in kleine Würfel schneiden und das Obst mit Saft darübergießen.